LAURA COATES
LYON 04/2004

CW01640514

histoires en...

musique

Collection dirigée par Brigitte Delpech
© 1998, Hachette Livre.

15

histoires en...

musique

Couverture illustrée par Anne Letuffe

HACHETTE
Jeunesse

Table

Dans la même

collection

15

histoires de... football

histoires de... vacances

histoires... macabres

histoires d'... agents secrets

histoires d'... animaux

histoires de... Noël

histoires au... Far West

histoires en... musique

1

Mélomaniaque

Cécile Mury

Il y a presque un an, Paul, mon frère, a attrapé un drôle de virus. Il n'a pas de fièvre, pas de boutons, il ne tousse pas, il mange toujours comme quatre, mais il est devenu bizarre. Très, très bizarre. Au tout début, je n'avais pas compris ce qui ne tournait pas rond. Et puis, un jour, j'ai entendu ma tante Cynthia qui chuchotait à l'oreille de ma mère :

« Ce petit est vraiment mélomane... » Alors là, j'ai su que c'était grave. Parce que "mélomane", je ne savais pas exactement ce que c'était, mais ça avait l'air d'un mot compliqué comme on en voit dans les journaux. Un de ces titres du genre "Encore une vieille dame agressée par un mélomane"... "Une bande de mélomanes casse des vitrines après un match de foot"... "Le mystérieux mélomane court toujours"... Mon grand frère aidait encore les vieilles dames à traverser, et il ne s'intéressait pas aux vitrines, mais ça pouvait évoluer...

Parce que la mélomanie est une maladie sournoise. On n'avait rien vu venir. L'été dernier, mon frère n'était pas encore mélomane. En août, quelques semaines avant la rentrée et les premiers symptômes, on était allés voir Michel Bardou en concert. C'est tante Cynthia qui nous avait amenés, elle nous avait même permis d'allumer son briquet pendant que Michel chantait son tube *Les flaques du Connemara*. Avant, Paul adorait Michel Bardou. Il l'écoutait sans arrêt sur son mange-disques, il fredonnait sous la douche (« Teeerrre brûûléééé »). C'était pas très joli :

ça ressemblait tantôt à Jordy, tantôt à Johnny. Mais c'était pas grave :

« C'est rien, disait toujours mon père. Il mue. »

Bref, mon frère était normal. On jouait au Lego en écoutant Céline Pion, on regardait encore Ophélie Ouinteure présenter le Méga top hit des hits à la télé, et on refaisait les spectacles des Spice Girls avec mes poupées Barbie. Je ne savais pas, à l'époque, que ça ne durerait plus très longtemps.

En septembre, Paul est entré en sixième. À mon avis, c'est là qu'il a attrapé son truc de mélomane. Dès le premier jour de classe, il a changé. En rentrant, il m'a donné son cartable, il a dit « Ça fait bébé », et il a rangé ses affaires dans un vieux sac de piscine Adidas tout déchiré qui appartenait à mon père quand il était étudiant. Après, il s'est acheté avec ses économies un énorme pantalon orange, avec des poches partout, et ne l'a plus quitté. C'est tout juste si ma mère arrivait à le lui faire enlever pour dormir. Mais là où j'ai commencé vraiment à m'inquiéter, c'est quand il a rangé son Lego (« Ça fait bébé »), ses disques de Michel Bardou

(« C'est ringard »), ricané devant mes Barbies (« Ça fait bébé »), et boudé Ophélie Ouinteure (« C'est ringard »). Plus moyen de jouer avec lui.

Sa mélomanie s'est déclarée un soir d'octobre, vers cinq heures. J'allais mordre tranquillement dans ma tartine, quand un hurlement sauvage a fait trembler la maison.

Ça faisait à peu près WWWAAAAAAA OOOUUAAAARRRGGGGHHH, mais en beaucoup plus fort. Ma tartine s'est écrasée côté beurre sur le sol de la cuisine, ma mère s'est étranglée avec son café, et le bébé des voisins s'est mis à hurler à l'unisson. Debout devant la chaîne stéréo, mon frère souriait. Il s'agitait aussi, très bizarrement. Il faisait des grands signes avec ses bras et « non non non » avec la tête. Ma mère s'est précipitée sur l'appareil, en faisant elle aussi « non non non » de la tête. « Tu es devenu fou ou quoi ! elle a dit. Tu veux vraiment nous attirer des ennuis avec les voisins ? » Pourtant, M. Michu, le locataire du dessus, avait plutôt l'air d'apprécier. Il faisait « boum boum » au plafond en rythme avec son balai.

À partir de ce jour-là, Paul n'a plus jamais été le même. Il rapportait des disques de techno prêtés par ses copains à la maison. Et moi, je ne suis pas comme M. Michu, qui faisait de plus en plus de musique dans notre plafond, et s'était mis à venir nous voir très souvent. J'aime pas la techno. D'abord, il n'y a pas de jolies paroles comme dans les chansons de Michel Bardou. Il y a juste des filles qui crient de temps en temps comme si on leur écrasait les pieds, et plein de types comme le voisin qui donnent des grands coups de balai dans mes oreilles. Mais surtout, le pire, c'est que Paul ne nous adressait presque plus la parole. Enfin, si. Il remuait les lèvres, mais on n'entendait rien à cause de la chaîne stéréo, qui marchait à fond. Et quand on arrivait à l'éteindre, il boudait, enfermé dans sa chambre. Voilà pour la première crise.

Cependant, dans toute maladie, il y a des rémissions. C'est Michel Bardou qui le dit dans sa chanson *Guérir de toi*. Juste après Noël, tout a changé. Louis a laissé tomber son pantalon orange – tellement usé qu'il menaçait de tomber tout seul. Il a mis des chemises blanches toutes propres, il a recommencé à se coiffer. Tous les disques de techno sont retournés chez leurs propriétaires, et M. Michu a cessé quelque temps de venir nous voir. C'est là qu'on a fait la connaissance de Caroline. Quand on voit Caroline, on se rend compte tout de suite qu'elle n'aime pas les pantalons orange. Elle a des jolis cheveux blonds, elle parle doucement, et elle s'excuse beaucoup. La première fois qu'elle est venue à la maison, elle a apporté des chocolats. J'aime bien Caroline, mais Paul ne voulait pas que je lui parle longtemps (« ça fait ringard d'avoir une sœur trop bébé »). Elle est dans la même classe que lui au collège, et elle joue du piano. Au début j'ai cru qu'elle était normale. Pas mélomane pour un sou. Elle pouvait discuter de tout, elle voulait bien jouer aux Barbies, et pour mon anniversaire, en janvier, elle m'avait même acheté un CD d'Ophélie Ouinteure. « C'est de ton âge », elle m'a dit gentiment, avec un sourire. Maintenant je sais qu'elle cachait bien son jeu. En vérité, elle était encore plus malade que Paul. Je crois même que c'est elle qui l'a contaminé. La preuve, c'est qu'il a voulu faire du piano, lui aussi. Et puis, il s'est mis à aller au concert avec elle. Bach, Beethoven, Tchaïkovski, tout un tas de types avec des drôles de noms, qui devaient être épuisés, vu qu'ils n'arrêtaient pas de donner des spectacles. Quand je l'ai fait remarquer à Paul, il m'a traitée d'andouille. « Andouille, il a dit, ce sont des compositeurs morts depuis longtemps. D'autres gens interprètent leur musique. T'es vraiment trop bébé. » Et j'ai compris qu'il avait rechuté. Avant, il ne m'aurait jamais traitée d'andouille. Bécasse, à la limite, mais andouille, non. La mélomanie, ça rend désagréable. Et ça éloigne les petites sœurs. Peut-être, au fond, qu'il faisait exprès, pour que je ne l'attrape pas. Enfin, toujours est-il que Paul était redevenu calme, mais il était définitivement, incurablement, gravement mélomane. Ce qui est embêtant avec les disques de musique classique, c'est qu'ils ne sont pas chers. Alors l'appartement a peu à peu été envahi d'œuvres de compositeurs-morts-depuis-longtemps. On ne pouvait plus faire un pas sans marcher sur Haendel, trébucher sur Debussy et s'écraser le nez sur la perruque de

Mozart. Paul jouait sans arrêt *La lettre à Élise* sur son orgue Bontempi, et quand on essayait de lui parler, il souriait vaguement, sans lâcher les touches, et sans répondre. Mais le pire, c'est qu'il n'y a pas que des compositeurs-morts-depuis-longtemps. Certains sont morts-depuis-pas-longtemps ou encore vivants. On appelle ça les musiciens contemporains. Et ceux-là, ils sont vraiment dangereux. Quand Paul les a ramenés à la maison, ils se sont tout de suite mis à faire des bruits bizarres dans la chaîne stéréo. Et que ça grince, et que ça couine, et que ça hulule. Olivier Messiaen, Pierre Boulez, mon frère avait leurs noms plein la bouche, et moi, j'en avais plein le dos. Tsing plang poc tsoouiing. Ça me rappelait le bruit de la tuyauterie quand Paul avait décidé d'envoyer ses petits soldats explorer la bouche d'évacuation de la baignoire. Ou l'usine de casseroles qu'on avait visitée avec la maîtresse, il y a deux ans. Ou la roulette du dentiste. C'est bien simple, le son n'arrivait pas dans les oreilles, mais directement dans les caries. Et puis, avec ça, des titres incompréhensibles, à coucher dehors. Je ne me rappelle pas exactement mais c'était du genre : *Psychomécanique d'un poisson mort*, *Frénésie chaotique*, *Symphonie pour un grincement*... Au début du printemps, Paul est arrivé au stade aigu de sa maladie. Il a ramené un disque d'un musicien contemporain-mort-mais-toujours-bruyant, Jacinto Scelsi. « C'est Caroline qui me l'a prêté, il m'a dit. Tu te rends compte : il a fait toute son œuvre avec une seule note ! »

Une étrange lueur brillait dans ses yeux. C'est à ce moment-là que j'ai décidé d'agir. Et de guérir mon frère. Je n'allais pas le laisser s'enfoncer dans une mélomanie sans espoir. Tout le monde l'avait abandonné. Mes parents avaient baissé les bras, je le sentais bien. Ils avaient même l'air contents, vaguement fiers. Ma tante Cynthia avait offert à Paul un disque intitulé *Fractures sonores*. Et M. Michu, le voisin, avait recommencé à taper en rythme sur son plancher. Ils étaient tous devenus complices, et peut-être même mélomanes, qui sait ? J'étais le seul remède, le seul être encore sain. Une nuit, j'ai attendu que tout le monde se soit endormi. À pas de loup, je me suis approchée de la chaîne stéréo. Elle clignotait doucement. J'ai hésité : j'allais faire une victime innocente. J'allais détruire celle qui savait si bien me bercer de comptines, quand j'étais petite, qui me faisait danser sur *Les flaques du Connemara.* Mais je me suis ressaisie. Après tout, elle n'était pas blanc-bleu. Elle m'avait trahie, elle aussi. Alors, j'ai enduit soigneusement le logement à CD, les boutons et les baffles de confiture artisanale de rhubarbe. La chaîne ne clignotait plus. Elle émettait un gargouillis discret. Satisfaite, je suis retournée dans mon lit, attendre les résultats du traitement.

Au matin, un cri m'a brutalement tirée du sommeil. J'ai enfilé mes pantoufles, et je me suis précipitée sur les lieux de mon crime. Mais personne, personne ne regardait la malheureuse machine saccagée, transformée en tartine géante. Mon frère contemplait une énorme boîte en carton et s'exclamait « Géniaaaal !!! » en boucle, comme si on avait appuyé sur la touche *« repeat »*. Mes parents le regardaient en souriant. « Joyeux anniversaire », mon chéri, lui a dit ma mère. « Avec cette chaîne toute neuve, tu pourras écouter ce que tu veux dans ta chambre. » Tout le monde avait l'air tellement content que je suis restée dans mon coin, tenaillée par la honte et le regret. J'avais oublié la date fatidique, j'allais me faire drôlement gronder, c'est sûr. Et puis, mes parents sont partis se changer. On allait tous au restaurant, pour les douze ans de Paul. Je suis restée seule avec lui. En déballant son cadeau, il a brusquement vu la Tartine. Il m'a regardée d'un drôle d'air, puis encore la Tartine, puis encore moi. Moi, je ne regardais plus rien, sauf, peut-être, le bout des oreilles de mes pantoufles lapin. Il n'a rien dit. Il est allé chercher une éponge dans la cuisine, puis il a nettoyé soigneusement les dégâts. La vieille chaîne a repris son aspect de toujours. Mais elle ne clignotait plus.

Quand mon père est revenu dans la pièce, Paul lui a dit : « Je crois qu'elle est en panne. » Depuis, il a toujours ce drôle d'air en me regardant. Il n'est pas du tout guéri, mais il ne m'a plus jamais traitée d'andouille, ni de bébé. Il m'a même prêté un ou deux de ses disques de Beethoven. « Tu es une grande fille maintenant », il a dit. Puis il m'a fait un bisou rapide. J'ai écouté, c'est pas mal. On se croirait dans une immense forêt pleine de feuilles bruissantes et d'animaux merveilleux. Beaucoup plus intéressant que Michel Bardou et Ophélie Ouinteure. D'ailleurs, Ophélie Ouinteure, c'est ringard. Finalement, la mélomanie « amour passionné et excessif de la musique », dit le dictionnaire, c'est vraiment contagieux. Je crois que je l'ai attrapée.

2

La Sanza

Kidi Bebey

Février 1968

En ce moment, j'ai des mauvaises notes. Et ça me rend malade. J'ai toujours été parmi les meilleures élèves de la classe. Une fois sur deux première, une fois sur deux deuxième, juste derrière Maria Rueda Diaz – d'ailleurs, qu'est-ce qu'elle peut m'énerver dans ces cas-là !

Mais depuis presque un mois et demi, je rate tous les contrôles. Je ne sais pas ce qui me prend, je n'arrive pas à retenir les leçons. Ou plutôt si, je sais très bien ce qui me prend : quand c'est le moment de répondre aux questions, mon esprit est ailleurs, je n'arrive pas à me concentrer. Le pire dans tout ça, c'est que je fais de la peine à mes parents et au maître, M. Paul. Et ça me rend malade.

Tout a commencé lorsque j'ai eu ma première mauvaise note en français. M. Paul nous avait donné un sujet de rédaction qui ne me revenait pas. « Imaginez le début d'une histoire d'amour. » Évidemment, il y en a plein qui ont ricané dans la classe. Surtout le gros Simon Lecointe, qui ricane toujours assis au fond. Moi, je me suis dit : pour imaginer des histoires d'amour, il faut être grand. Nous, les histoires, on les voit dans les films mais c'est pas encore pour nous. Même pour mes parents, j'ai du mal à imaginer. Une fois, j'ai essayé de demander à maman comment elle avait rencontré papa. Elle était toute gênée, et elle a fini par dire :

« Ça, c'est des histoires de grandes personnes. »

Alors non mais franchement ! Raconter une histoire d'amour ! Moi, la seule fois où j'ai aimé quelqu'un, ça s'est très très mal terminé parce que la personne est partie avec ses parents qui déménageaient dans une autre ville. Je ne l'ai jamais revu. Et inutile de me demander qui c'était parce que je ne le dirai pas.

Pour ne pas me mettre zéro, M. Paul m'a mis un point d'exclamation. Il a dit :

« Laïssa, je ne t'ai pas notée. Tu devais être malade lorsque tu as rédigé ta rédaction. Alors que cela ne se reproduise pas. »

Mais cela s'est reproduit. La fois d'après, j'ai eu un zéro devant le point d'exclamation. Après ça, j'ai eu une mauvaise note en maths. Puis j'ai commencé à avoir des mauvaises notes en tout. J'ai eu aussi la plus grande honte de ma vie. Chaque fois, j'entendais Maria Rueda Diaz rigoler. Ce qu'elle peut m'énerver celle-là ! M. Paul m'a demandé ce qui se passait dans ma vie. J'étais incapable de le lui expliquer.

Il m'a dit :

« Écoute, Laïssa, j'ai bien vu que tu n'étais pas très en forme ces derniers temps.

J'aimerais bien que tu m'expliques pourquoi, si tu le sais. »

Et comme je ne répondais rien, il a continué :

« Écoute. Mettons cela sur le compte de la fatigue. Tout le monde a le droit d'être fatigué un jour, ou de ne pas très bien savoir où il en est. Je vais en parler avec tes parents. Ne t'inquiète pas, c'est plus pour les rassurer que pour autre chose. On va trouver une solution. »

M. Paul a convoqué mes parents. C'est maman qui y est allée parce que papa était en voyage au pays. Pauvre maman ! Elle était tellement triste ! Quand elle est revenue, elle m'a simplement regardée en hochant la tête. Il faut dire qu'à la maison, les études, c'est sacré. Eh bien, elle ne m'a pas grondée. Elle n'a même pas élevé la voix. (J'adore M. Paul !) Le soir, avant qu'on aille se coucher, elle m'a appelée dans sa chambre. Elle me semblait toute petite. Depuis que papa est absent, j'ai l'impression qu'elle devient encore plus petite et que le lit de mes parents s'agrandit.

Elle a commencé par son expression habituelle :

« De quoi j'avais l'air, dis-moi ? Qu'est-ce que je pouvais répondre quand il m'a dit : "Madame Atangana, votre fille travaille très mal en ce moment. Ce n'est pas au point de la faire redoubler mais si elle continue à avoir de mauvaises notes, il faudra vraiment comprendre ce qui se passe." Qu'est-ce que je vais bien pouvoir dire à ton père, dis-moi ? »

Pauvre maman ! Je la regardais, je comprenais sa peine, mais j'étais incapable de trouver quoi lui dire. De toute façon, elle n'aurait pas aimé que je lui donne des explications. Elle dit « qu'un enfant ne répond pas à ses parents ». Et quand elle dit des choses comme ça, vraiment là, je ne la comprends pas du tout. Elle parle de la manière dont ça se passe *chez nous, au pays,* comme elle dit. Sauf que moi, j'habite et j'ai toujours habité ici. Alors est-ce que ce n'est pas aussi ici mon pays ? Et est-ce que chez nous ce n'est pas simplement au 20, rue des Charpentiers, au 5e étage à droite ?

Elle a répété :

« Na wusa nde o djalabe na ndje ? Na mende nde o kwalane songo na dje ? » (Qu'est-

ce que je pouvais bien lui répondre ? Que vais-je pouvoir dire à ton père ?)

À la maison, il est presque interdit de parler le français. Papa nous explique toujours que le douala est la langue de *chez nous*, notre langue maternelle et que nous devons la savoir. Alors quand je sors de la maison, je parle français et quand je sonne au cinquième étage droite du 20, rue des Charpentiers, là, je ne m'adresse plus aux autres qu'en douala. Je parle aux jumelles en douala. Elles me répondent en babillant des trucs que je ne comprends pas. Je parle à Maïga en douala. Mais lui, il n'a pas le temps de me répondre. Il estime qu'il est grand et qu'il a beau être mon frère, il n'a rien à dire à une petite comme moi. Donc, en ce moment, pour résumer, je ne parle pas à grand monde. Mais comment dire tout ça à maman ?

Parfois, à l'école ou à la maison, je suis un peu distraite, et je parle dans la langue qui n'a pas sa place. Ça m'est arrivé il y a quelques semaines. J'étais debout près du banc, dans la cour. Simon Lecointe est passé en me bousculant, et je ne sais pas ce qui m'a pris : je voulais crier une insulte et j'ai fini ma phrase en douala. Il m'a regardée d'un air étonné, évidemment. Mais ce que je n'ai pas aimé c'est qu'il s'est retourné, et il a dit tout fort :

« Tu sais parler le noir? »

Le noir! Parler le noir! Quel idiot celui-là! N'empêche qu'après, toute la classe était au courant. Ils sont venus me demander de leur dire une phrase, un mot.

« Comment on dit *beurre*? Et *nuage*? Et *je t'aime*, hein, tu sais le dire, *je t'aime*?... »

Qu'est-ce qu'ils pouvaient m'énerver! Je n'arrivais pas à trouver des traductions pour tout ce qu'ils me demandaient. Il y a des choses en français qui ne se traduisent pas en douala. Et il y a des choses en douala qui n'ont aucun équivalent en français. Mais comment leur expliquer tout ça? Alors j'ai décidé de ne plus parler du tout. Et pour finir, Maria Rueda Diaz a fait savoir qu'elle ne parlait pas *le noir* mais qu'elle savait parler le portugais. Et c'est devenu la nouvelle mode.

J'ai de plus en plus de mal à aller à l'école. Hier, M. Paul a posé une question. Tout le monde m'a regardée. Il a dit :

« Laïssa ? Toujours dans la lune ? Reviens parmi nous, s'il te plaît… »

Moi, en ce moment, j'aimerais bien y vivre, sur la Lune. Pas seulement y aller en passant mais vraiment rester. Chaque fois, j'ai l'impression de revenir de très très loin. D'un endroit où on peut rire tranquille, manger tranquille, parler toutes les langues qui nous plaisent, avoir la couleur que l'on veut. Sur la Lune, il y a des hommes orange, des bleus, des gris et même des vert-de-gris. C'est vrai, je les ai vus ! J'adore cet endroit.

M. Paul a posé une autre question, et je ne savais toujours pas quoi dire parce que je pensais qu'il me laisserait tranquille et que ce n'était plus la peine de faire attention. Simon Lecointe a commencé à rigoler, et j'ai bien vu que Maria Rueda Diaz se redressait déjà pour répondre à ma place. Moi, je regardais les flocons de neige qui voletaient derrière les fenêtres. Je les trouvais amusants, élégants. J'ai senti que M. Paul était prêt à se fâcher. Ça ne lui arrive pas souvent, mais là, je lui ai sans doute un peu usé les nerfs.

Soudain, la porte de la classe s'est ouverte brutalement, d'une façon que j'aurais reconnue entre mille. Mme Clapet, la directrice, a pénétré dans la classe. Nous nous sommes tous levés dans un grand bruit de chaises. On a tous peur de Mme Clapet. Tous. Y compris Simon Lecointe. Y compris les « Titans » de la classe de perf'. Les parents aussi la craignent. Elle a une forte carrure, elle fait des grands pas. Sa chevelure d'un blond sale, et surtout sa manière de faire un bruit du tonnerre pour dire la moindre chose, me l'ont toujours rendue très antipathique. En plus, le diable (sinon qui d'autre ?) lui a donné une grande bouche et des yeux un peu tombants. Et depuis qu'on étudie la météo et qu'on a une grenouille dans la classe, je la trouve « batracienne ».

Elle s'est mise à nous regarder d'un air sévère. On baissait tous les yeux, intimidés. Impossible de savoir si elle prépare du miel ou du fiel. Elle est montée sur l'estrade et à un signe savant de ses sourcils, elle nous a fait comprendre qu'on pouvait se rasseoir. Elle avait posé un drôle d'objet sur la paume de sa main gauche. Un truc rose, bizarre, un peu obscène.

Sa forme nous intriguait. Mme Clapet nous a dit de bien le regarder, puis elle l'a pris par la pointe en le tenant entre le pouce et l'index. Elle nous balayait de regards interrogateurs. Finalement, elle a lancé :

« Alors, mesdemoiselles et messieurs, qui d'entre vous saurait me dire ce que je tiens à la main ? Hein ? Qui peut me dire ce que c'est que ça ? »

Un grand silence gêné a suivi la question. La grande bouche s'est ouverte à nouveau :

« Alors, aucun d'entre vous ne peut me répondre ? Allons, allons ! Pourtant vous n'êtes plus des enfants ! Au cours moyen première année, quand même !... À votre âge on découvre, on regarde, on observe, on connaît ! »

Chacun d'entre nous essayait d'éviter son regard. Elle s'est mise à faire lourdement les cent pas sur l'estrade. Sa lèvre inférieure commençait à trahir une certaine impatience. Soudain, elle a dû se sentir inspirée car elle s'est arrêtée brusquement. Elle s'est plantée devant nous et a dit lentement :

« Et la demoiselle aux cheveux crépus ? Elle non plus ne sait pas ce que c'est ? »

Toutes les têtes se sont animées, à la recherche de *la demoiselle aux cheveux crépus.* Je me suis remise à respirer en pensant à la pauvre demoiselle aux cheveux crépus qui allait soulager toute la classe. La directrice continuait :

« Alors ? Pourtant elle devrait le savoir ! Ça vient de *chez elle* ! Alors, elle va nous le dire tout de suite, n'est-ce pas mademoiselle aux cheveux crépus ? »

J'ai commencé à chercher des yeux la demoiselle-aux-cheveux-crépus dont elle avait parlé, lorsque je me suis aperçue que les regards de tous mes camarades étaient braqués sur moi. Tout à coup j'ai eu très froid et, presque aussitôt après, trop chaud. Un drôle de sentiment m'a envahie brusquement. Je me sentais trahie, seule face à l'ennemi.

J'ai encore tourné la tête pour voir s'il n'y avait pas une autre élève, derrière moi, qui aurait les cheveux *crépus.* C'était la première fois que j'entendais ce mot. Je n'étais pas très sûre de savoir ce que c'était. Mais la manœuvre était sans espoir. J'ai donc ramené le visage face à ma tortionnaire. J'ai entendu sa voix tonner une nouvelle fois :

« Alors, la-demoiselle-aux-cheveux-crépus, vous êtes certainement capable de dire à vos camarades ce que je tiens dans ma main, n'est-ce pas ?

— Euh… Non, ai-je répondu dans un souffle.

— Je ne vous entends pas, mademoiselle, parlez plus fort, je vous prie.

— Non, j'ai dit d'une voix à peine plus ferme.

— Non, mon chien ? a-t-elle aboyé.

— Non, madame, j'ai repris.

— Eh bien, mademoiselle, je ne vous félicite pas ! Ce que je tiens ainsi, c'est un noyau. Et ce noyau m'a été rapporté de *chez vous*, d'Afrique. C'est ce que l'on appelle un noyau d'avocat, et ce n'est pas moi qui devrais vous l'apprendre. Dans nos pays, les avocats sont rares. Du moins, on trouve des hommes mais pas beaucoup de fruits ! (Elle a ri de sa blague.) À votre place mademoiselle, je m'efforcerais de me montrer un peu plus fière de ce que je suis, et de l'endroit d'où je viens ! Je m'efforcerais au moins, de m'en souvenir un tant soit peu… »

Puis se tournant vers notre maître, elle lui a tendu le noyau rose et ridé en disant :

« Je crois que quelques “leçons de choses” grâce à ceci, ne feront aucun mal à ces enfants, n’est-ce pas ? Je suis certaine que vous saurez leur faire observer tout ce qui est nécessaire quand ils auront planté ce noyau. Je vous le laisse car manifestement, vous allez avoir fort à faire. »

Elle a fini en levant les yeux au ciel. Elle a fait claquer ses talons, et nous nous sommes tous relevés. Des soupirs de soulagement se mêlaient cette fois au bruit des chaises. Juste avant de franchir la porte, elle m’a toisée d’un long regard dédaigneux, a ouvert une bouche menaçante… pour finalement sortir, me laissant le cœur battant.

La sonnerie de la récréation a retenti. J’ai senti que tout le monde quittait la classe pour se précipiter dans la cour. J’ai même senti que Simon Lecointe me bousculait au passage. Mais moi, je n’arrivais plus à penser à grand-chose. J’ai mis mes mains sur mes cheveux. Ils étaient comme toujours : coiffés en quatre tresses qui descendaient jusqu’à la naissance de mon cou. J’avais toujours été comme ça. Alors *crépus*, ça voulait dire quoi ?

Quelqu'un a dit : « Ils sont très beaux, tu as une très jolie coiffure. » C'était la voix de M. Paul. J'ai voulu relever la tête mais au lieu d'un mot, c'est un énorme flot de larmes qui a bloqué ma gorge et m'est monté aux yeux. Je pleurais, je pleurais, je ne pouvais plus m'arrêter. Je ne sais même pas combien de temps ça a duré. M. Paul a mis sa main sur mon épaule. Il m'a tendu un mouchoir, il m'a relevé le menton, et il a dit en souriant :

« Attention, Laïssa, si tu continues comme ça, tu ne feras plus rien en maths parce que ton livre sera tellement mouillé qu'il deviendra inutilisable ! »

J'ai dit : « Ooooh ! » mais en fait, je voulais dire :

« Oh ! si vous saviez tout ce que je ressens ! J'en ai tellement assez d'être différente ! Est-ce que c'est ma faute à moi si mes parents viennent d'ailleurs ? Et si j'ai des cheveux différents ? Est-ce que c'est ma faute si je ne sais pas TOUT sur ce qu'il y a là-bas, *chez moi* ? Est-ce ma faute si depuis que papa n'a plus de travail fixe, on ne peut plus aller tous en vacances voir grand-mère Maa Djé et nos cousins ? Est-ce ma faute si mes souvenirs s'éloignent ? »

Pour finir, j'ai essayé de sourire. Mais c'était devenu vraiment trop difficile. Évidemment, après la récréation, je suis partie pour la Lune, et je n'ai plus rien fait de la journée.

Ce matin, on a musique avec M. Paul. Il paraît que le prof est malade. Moi, ça m'arrange parce que je déteste ses cours. On fait toujours la même chose. On commence par chanter des arpèges, et ça finit par des chansons complètement idiotes. Ce qu'il y a de bien quand elle est malade, c'est que M. Paul nous fait entendre ses disques. On sent qu'il aime les musiques qu'il écoute. Une fois, il nous a fait entendre un groupe d'Anglais qui s'appellent les Beatles, les « hannetons ». J'ai beaucoup aimé leur nom. On devrait faire entendre un peu de leur musique à la vilaine batracienne pour voir si ça la transforme en princesse !

Tout le monde s'agite un peu, et le maître attend. Il nous regarde d'un air mystérieux. Finalement, quand on est enfin tous silencieux, il sort d'un tiroir de son bureau non pas un disque mais une drôle de boîte en bois, et il nous la montre. J'entends Simon Lecointe qui ricane en imitant Clapet à voix basse : « Alors, mesdemoiselles et messieurs... qui d'entre vous pourrait me dire ce que c'est que ça? » Ma gorge se serre alors que j'aimerais bien l'étrangler. « Lecointe! Dehors! » lance M. Paul, qui l'a entendu. Et pendant que Simon sort en traînant les pieds, il poursuit :

« Écoutez, écoutez tous. Écoutez attentivement l'histoire que je vais vous raconter. Il y a très très longtemps, il y a des centaines de milliards d'années, Dieu s'ennuyait terriblement. Mais oui! Dieu lui-même! Il n'avait pas encore fait grand-chose dans sa vie, et il s'ennuyait tellement qu'il était sur le point de mourir d'ennui. En se grattant la tête pour trouver une idée susceptible de le distraire, il réveille l'Imagination qui dormait tranquillement dans un coin. Il lui demande conseil : "Imagination, dis-moi, qu'est-ce que je pourrais faire pour ne pas m'ennuyer?" L'Imagination commence par éclater de rire.

« — Quoi! C'est toi, Dieu, qui me demandes ce que tu pourrais faire pour ne pas t'ennuyer ? Ha ! ha ! ha ! Mais c'est toi qui peux tout inventer ici-bas, c'est toi qui as le pouvoir de créer, alors comment peux-tu réussir à t'ennuyer ?

« Mais Dieu n'est pas content de cette réaction. Il insiste :

« — Imagination, si je meurs d'ennui, tu mourras aussi, car si tu existes c'est grâce à moi, alors fais quelque chose.

« À ces mots, l'Imagination se sent concernée. Elle réfléchit quelques instants et finit par donner à Dieu une merveilleuse idée :

« — Fabrique-toi une...

— SANZA ! »

C'est moi, Laïssa, qui ai crié ainsi. Cette légende, je la connais bien. Et l'instrument dont parle M. Paul, mon père en a une collection à la maison. Quand M. Paul a sorti la sienne, je n'ai pas bien regardé, et comme il nous avait seulement montré le dos de l'instrument, je ne me suis pas posée de questions. Mais je reconnais bien une sanza désormais. M. Paul a apporté un instrument de *chez nous.*

« Tu veux raconter la fin de l'histoire ? » demande M. Paul.

Toute la classe me regarde. Mais cette fois-ci, qu'est-ce qui m'arrive ? Je n'ai ni trop froid, ni trop chaud. Je me redresse sur ma chaise. Je me lève même, et je vais voir M. Paul. Je me dirige en ligne droite vers lui, attirée par la lumière de son regard. Je ne vois plus les autres. Je ne vois ni Simon Lecointe, ni Maria Rueda Diaz. Je monte sur l'estrade, et je raconte, je raconte, je raconte la plus belle histoire que l'on m'ait jamais raconté. Je raconte l'histoire que ma grand-mère, Maa Djé, me racontait quand nous passions les vacances *chez nous*. Avant qu'on ne puisse plus y aller tous ensemble. L'histoire revient toute seule, comme si on venait de me la raconter.

« L'Imagination dit à Dieu de se fabriquer une sanza. Dieu n'a jamais vu de sanza mais il en fabrique une. Et à peine se met-il à en jouer qu'aussitôt l'ennui disparaît. La sanza vient déjà de rendre Dieu heureux. Dieu se penche alors de plus belle sur son instrument, et la musique l'absorbe tellement qu'il ne remarque même pas ce qui se passe autour de lui. Pourtant, de quelques notes sont nées le jour, de quelques autres la nuit, de nouvelles notes est né le Soleil et d'autres encore la Lune, puis les mers, les montagnes, les prairies, les forêts. Dieu est en train de créer le monde avec ses pouces qui jouent sur la sanza. Lorsqu'il relève la tête, il est tellement surpris qu'il donne un coup de pouce supplémentaire. Il n'a pas regardé sur quelle note il appuyait. Miracle! Cette fois, c'est une femme, un homme et des enfants qui arrivent. Ils sont beaux, ils sont joyeux et, surtout, ils ont tous des couleurs différentes. La femme est bleue, l'homme noir, les enfants, blancs, roses, orange, gris, vert-de-gris... Dieu n'est plus seulement heureux, il saute de joie. À chaque nouvelle note, c'est un nouvel être qui apparaît et qui part avec sa famille peupler un coin de la Terre! C'est pourquoi en Afrique, on dit : "Ne te moque jamais de celui qui est différent de toi, ne pense pas d'avance du mal de lui, parce que lui, comme toi vous êtes des êtres humains et que tous les êtres humains de la Terre, sont sortis de la même sanza." »

Je me tais. Un grand silence suit mon récit.

La classe entière me regarde encore mais, cette fois, je sens que c'est différent. C'est comme si tout le monde rêvait. Les regards sont pleins d'étonnement et d'admiration.

Au bout d'un moment, M. Paul dit :

« Elle est belle cette histoire, n'est-ce pas ? Qu'en pensez-vous ? »

Quelques secondes passent, puis Maria Rueda Diaz lève la main et dit :

« Oh non, Monsieur. Elle n'est pas belle, non. Elle est TRÈS TRÈS BELLE, cette histoire. »

Elle me sourit. Toute la classe me sourit. Simon Lecointe a passé sa tête par la porte du fond. Il lance :

« M'sieur ! Vous nous faites entendre la musique de la sanza ?

— Bien sûr, répond M. Paul. C'est un instrument de musique magnifique. Mais je ne suis qu'un piètre amateur. En revanche, ajoute-t-il, si on le lui demande gentiment, peut-être que Laïssa voudra bien nous apporter quelques disques de son papa. Lui, c'est un musicien formidable, n'est-ce pas petite cachottière ? »

Je ne sais plus quoi dire. M. Paul sait tout. Je suis peut-être cachottière, mais, lui, est un véritable magicien.

Simon Lecointe s'est approché. Il dit :

« Moi, plus tard, M'sieur, comme métier j'aimerais bien devenir Africain. »

3

Casque Blues

Yann Mens

Ils marchaient depuis le matin, et la pluie n'avait cessé de battre leurs épaules. Le son lourd du canon couvrait les grondements de l'orage. Chargés des balluchons les plus invraisemblables, les réfugiés, en file indienne, avançaient vers le camp des Casques bleus. La boue des chemins détrempés freinait leur marche. Et pourtant, ils étaient pressés, car les tirs des miliciens se rapprochaient d'heure en heure. Parfois un camion les dépassait, transportant des blessés vers l'hôpital de fortune installé dans le camp. Ses grosses roues éclaboussaient les réfugiés qui ne protestaient même plus. C'étaient presque tous des paysans que la guerre avait chassés de leurs villages. Ils avaient fui les obus des mortiers et la sauvagerie des tueurs déchaînés. En quelques heures, ils avaient fait l'inventaire de leurs biens, tout ce qui pouvait être transporté avait été emballé. Les femmes avaient rassemblé leurs rares bijoux, elles les avaient glissés contre leur poitrine pour pouvoir porter le petit dernier, qui ne savait pas encore marcher.

Penché à une fenêtre du camp, Thelonious regardait les réfugiés progresser sur le sentier. Conformément aux ordres du capitaine, il essayait de les compter. Mais ce n'était pas facile. Il n'arrêtait pas de refaire ses additions. Plusieurs centaines de femmes, d'enfants, d'hommes étaient arrivés depuis le matin. Très peu de vieillards. Ceux-là n'avaient plus la force de quitter leur maison ou refusaient carrément. Ils avaient connu d'autres guerres, ils avaient déjà fui et tout perdu. Cette fois, ils attendraient...

Thelonious se demanda combien de personnes pourrait contenir ce camp. À vrai dire, ce n'était pas un camp. Juste une ancienne colonie de vacances que les Casques bleus de l'ONU et la Croix-Rouge avaient transformée à la hâte. Les blessés étaient dirigés vers les anciens dortoirs, pompeusement rebaptisés « hôpital de campagne ». Tout le reste, cantine, gymnase, préau, lingerie, caves... servait à loger les réfugiés valides de tout âge.

Thelonious se sentait un peu perdu devant cette foule épuisée et désemparée. Pour un jeune homme qui n'avait jamais quitté les quartiers tranquilles de Londres, cette guerre était incompréhensible. Des voisins paisibles d'hier s'étaient transformés en ennemis irréductibles, et tout cela, en l'espace de quelques semaines. Thelonious se sentait aussi un peu honteux. Certes, la guerre était dangereuse pour lui. Qui sait si les fous armés de canons respecteraient le drapeau de la Croix-Rouge et le camp qu'il protégeait ? Il pouvait très bien mourir, ce soir ou demain, n'importe quand. Peut-être… Mais il se savait tout de même un peu protégé. Par son gilet pare-balles pour commencer. Les réfugiés, eux, n'en portaient pas. Il suffisait d'un tireur embusqué dans les collines pour que femmes et enfants tombent comme des mouches. Honteux ou pas, Thelonious gardait son gilet. Il tenait à sa vie, il n'avait que celle-là.

Le soir tombait. Sur la route, les réfugiés se faisaient plus rares. Le capitaine fit savoir que ce n'était plus la peine de les compter. Qu'on prendrait ceux qui arriveraient. De toute façon, le camp était déjà bondé. Alors, un peu plus ou un peu moins…

C'était l'heure du repas. Les infirmières distribuaient une soupe chaude et du pain aux réfugiés. Au début, il y avait eu une bousculade, car la faim rend vite égoïste. Mais les Casques bleus y avaient mis bon ordre. Thelonious était Anglais, mais il y avait sous l'uniforme de l'ONU des militaires de plusieurs pays. Des Italiens, des Ghanéens, des Espagnols, des Ukrainiens, des Népalais, des Égyptiens… Thelonious avait un point commun avec les Ghanéens. Il était Noir, et cela étonnait beaucoup les enfants du camp qui n'avaient jamais vu d'homme à la peau foncée ailleurs qu'à la télé. De temps en temps, un plus petit s'approchait par-derrière et grattait vite fait la main de Thelonious pour vérifier que la couleur y était bien accrochée. L'Anglais pliait alors sa grande carcasse pour se mettre à la hauteur du bambin. En général, celui-ci fuyait se réfugier dans les jupes de sa mère. Dans une langue que Thelonious ne comprenait pas, les adultes l'encourageaient à ne pas avoir peur, à s'approcher du militaire. Le plus souvent, le gosse revenait gratter une seconde fois la peau de Thelonious et parfois même acceptait de lui serrer la main.

Thelonious devait cette couleur noire à son père, un Américain de Chicago qui était tombé amoureux fou d'une rouquine londonienne à la fin des années soixante et qui avait décidé de passer le reste de sa vie auprès de la belle Anglaise. Bud (c'était son prénom) était coiffeur de métier et pianiste de cœur. Lorsque son fils était né et malgré les protestations de sa femme, il l'avait prénommé « Thelonious » du nom de son héros, Thelonious Monk. Monk était un jazzman magique qui avait inventé son style à lui, une manière bizarre de choisir les notes. En l'écoutant, on avait l'impression que sa musique venait d'être découverte par un ignorant de génie. Comme un enfant malhabile qui aurait imaginé des mélodies superbes un peu au hasard, presque à tâtons. Le piano de Monk donnait à Bud des poussées de bonheur. Il en avait nourri le bébé qui, par ailleurs, engloutissait les biberons de la Rouquine à une vitesse vertigineuse. Thelonious avait hérité de son Anglaise de mère deux yeux vert clair et un goût un peu suranné pour la valse.

La nuit avait finalement tari le flot des réfugiés, mais pas le terrible bruit du canon qui se rapprochait du camp. Dans le grand réfectoire, les paysans se préparaient à dormir en s'enroulant dans les couvertures de la Croix-Rouge. Certains avaient déjà sombré dans le sommeil, écrasés par la fatigue des heures de marche. D'autres ne cessaient de penser à la maison qu'ils avaient laissée, à leurs parents qui avaient refusé de les suivre.

Excités par cette drôle d'expédition, dont ils ne comprenaient ni les enjeux ni les risques, les enfants refusaient de s'allonger et préféraient jouer entre les corps étendus. De temps en temps, une remontrance ou une gifle sèche les ramenaient au calme. Mais ça ne durait pas.

Thelonious était allé chercher son sac dans la tente des Casques bleus anglais. Lui non plus n'avait pas envie de dormir. Il ne voulait rien de spécial, juste être là avec les réfugiés. Pour ne pas se sentir trop seul.

Les vitres de la cantine étaient sales, mais on voyait tout de même le ciel. Il ne pleuvait plus, la nuit était claire. Thelonious avait rarement vu des cieux aussi beaux au-dessus de Londres. C'est en admirant la foule des étoiles qu'il pensa à son père et à *Stardust,* « Poussière d'étoile ». *Stardust* était une de ces vieilles chansons que tous les jazzmen du monde connaissent et dont ils se servent pour jouer, improviser, swinguer ensemble. Bud jouait souvent *Stardust* pour sa Rouquine préférée, le soir quand le fiston était couché.

Alors Thelonious fouilla dans son sac et prit l'étui qu'il n'avait pas ouvert depuis son départ de Londres dans l'avion militaire. Il en sortit la trompette que Bud lui avait offerte le jour de ses quinze ans :

« Tiens, mon fils. Clifford a joué dessus. »

Ça voulait tout dire. Clifford Brown était un dieu du jazz, un trompettiste merveilleux qui était mort trop jeune dans un accident de voiture parce que parfois la vie joue de sales tours. Thelonious avait essayé d'être digne de l'instrument. Il avait répété pendant des heures et des heures des centaines de standards, improvisé des milliers de solos et parfois séché les cours du lycée pour terminer un thème qu'il essayait de composer. Bud n'était pas peu fier d'accompagner le fiston au piano. Ils rivalisaient de vitesse et d'audace pendant que la Rouquine claquait des doigts pour marquer le tempo.

Thelonious avait envie de jouer, mais il ne voulait pas empêcher les réfugiés de dormir. Il vissa une sourdine sur sa trompette et tout doucement se mit à jouer *Stardust.* Une sensation étrange l'envahit. Il avait joué ce thème des milliers de fois, mais l'ambiance de ce camp, de cette guerre, de cette misère lui donnait une couleur particulière.

C'était nostalgique et un peu gai tout de même. Comme un médicament pour soigner la tristesse.

L'Anglais jouait les yeux fermés et, avant qu'il s'en rende compte, un petit groupe de réfugiés s'était assis en rond autour de lui pour l'écouter. Les enfants, bien sûr, étaient au premier rang et, pour une fois, ils se taisaient. Comme Thelonious était inspiré par la nuit, il broda autour de la mélodie un long solo. Son improvisation était aussi nostalgique que *Stardust*, aussi légère que la poussière d'étoile. Lorsque la trompette se tut, le petit public applaudit, et Thelonious s'aperçut alors qu'il ne jouait pas que pour lui. Avec force geste, les spectateurs lui en réclamèrent une autre et lui suggérèrent d'ôter la sourdine pour qu'ils puissent mieux entendre. Thelonious gratta ses cheveux crépus et choisit *Summertime,* « L'été », en hommage ironique à la pluie de la journée. C'était une chanson composée par George Gershwin, et que le père de tous les trompettistes de jazz, Louis Armstrong, avait magnifiquement jouée. Mesure après mesure, l'enthousiasme du public commença à se manifester. Certains réfugiés claquaient des doigts pour accompagner la musique, juste comme la Rouquine. Pendant le solo de Thelonious, un petit homme plus très jeune se leva dans le public, fit signe à deux solides gaillards de le suivre, et ils s'éloignèrent vers le fond de la cantine. Les yeux toujours fermés, Thelonious ne vit rien de leur manège. Mais alors qu'il finissait son improvisation et qu'il s'apprêtait à reprendre le thème de *Summertime*, le trompettiste crut qu'il était devenu fou. Il entendait très nettement un piano. Et ce piano jouait *Summertime* pour l'accompagner! Thelonious rouvrit les yeux et aperçut à côté de lui le petit homme assis sur une caisse en bois devant un piano ancestral. Le musicien lui sourit. Les enfants éclatèrent de rire en voyant les yeux verts écarquillés du grand gaillard noir à qui la surprise avait coupé le souffle. Le pianiste en profita pour improviser à son tour un solo sur *Summertime*. Pas de doute, c'était du jazz, mais du jazz qu'on aurait épicé avec une pincée de musique orientale. Comme si Bud avait swingué avec un turban sur la tête dans un lointain palais d'Arabie. Les mains du pianiste virevoltaient sur les touches et semblaient se moquer du clavier. Les deux musiciens finirent le morceau ensemble. Et le public les applaudit en criant très fort cette fois. Le petit homme se dirigea vers Thelonious et lui serra solennellement la main en prononçant un mot que le trompettiste identifia comme *Omar*. Ça devait être son prénom, Thelonious répondit par le sien. Puis sans lui donner le temps de souffler, Omar se rassit et commença à jouer un morceau sur un tempo d'enfer.

« *I got rythm!* (J'ai le rythme), cria Thelonious sous le regard approbateur du pianiste. Vous connaissez les standards ? Alors, on va rigoler, mon vieux. »

Les deux lascars s'en donnaient à cœur joie, accélérant encore la vitesse à la limite de ce que leurs doigts pouvaient suivre. Dans la foule des réfugiés, un couple se leva. C'étaient deux petits vieux. La femme enleva son foulard, l'homme tomba la veste. Et les deux septuagénaires se mirent à danser comme des cabris. On voyait au premier coup d'œil que ces deux-là étaient complices depuis longtemps. Ils se comprenaient sans se parler, chacun prévoyait les mouvements de l'autre. Ils avaient dû en écumer des bals, des mariages, des fêtes de villages pour danser aussi bien ensemble. Les gamins les regardaient en se poussant du coude, moitié admiratifs, moitié goguenards.

Quelques dormeurs s'étaient réveillés et se frottaient les yeux en se demandant sur quelle planète ils étaient tombés. Certains se rendormirent aussitôt, d'autres se laissèrent bercer par le duo des musiciens. Omar était insatiable. Il enchaînait thème sur thème. Chaque fois, il jouait une longue introduction, et Thelonious devait retrouver de quel standard il s'agissait. Lorsque le trompettiste annonçait enfin le titre, Omar souriait de toutes ses dents abîmées, comme un farceur pris sur le fait. D'autres danseurs s'étaient joints aux premiers. Les heures de marche semblaient oubliées, au moins le temps de quelques mesures. C'était comme un pied de nez à la peur, comme un défi à la sale guerre qui rodait dehors.

La musique avait attiré des réfugiés d'autres bâtiments et aussi quelques infirmières qui avaient fini leur service à l'hôpital.

Une Américaine très plantureuse que sa blouse blanche avait du mal à contenir profita d'un répit entre deux morceaux pour chanter un blues. Sa voix puissante qui résonnait dans cette immense cantine donna le frisson à Thelonious. La musique un peu traînante vous remuait les tripes, et l'on vit des réfugiés écraser discrètement une ou deux larmes. Un peu intimidés par la forte femme, les musiciens se turent pendant quelques instants. Puis le piano rentra dans le blues, Thelonious remit la sourdine sur sa trompette pour ne pas couvrir la voix, et c'était reparti. L'infirmière fut appréciée par le public, mais elle n'eut pas le temps de savourer son succès. Dans la foule, une femme enceinte criait et demandait de l'aide. Les deux gaillards qui avaient soulevé le piano un peu plus tôt emportèrent la future mère vers « l'hôpital ». La plantureuse infirmière fit un signe de regret aux musiciens et emboîta le pas des brancardiers improvisés.

Autour de minuit, deux Casques bleus entrèrent dans la cantine avec des airs de conspirateurs. Le premier était Italien et portait un étui de violon, le second était

Ukrainien et brandissait une clarinette rutilante. Quelques regards complices suffirent à agrandir l'orchestre. Les deux nouveaux n'étaient pas nés de la dernière note. Le violoniste avait une formation de musicien classique, cela se voyait à sa façon de tenir son instrument, mais ça ne l'empêchait pas de swinguer comme un beau diable. Quant à l'Ukrainien, il s'entendit très vite avec Omar pour donner au jazz de cette nuit-là des couleurs de plus en plus orientales. On joua *Saint James Infirmary* en l'honneur de la Croix-Rouge, une version bizarre de *Volare*, une chanson italienne pour faire plaisir au violoniste, *Blue Monk* en souvenir de Bud, puis *Someday my prince will come*, « Un jour, mon prince viendra », parce que c'était la chanson de Blanche-Neige et qu'elle faisait pleurer la Rouquine à tous les coups. Le répertoire des standards semblait inépuisable, les musiciens ne sentaient pas la fatigue. Et puis, il fallait en profiter. Qui savait ce dont demain serait fait ?

À quatre heures du matin, la grosse infirmière redescendit de « l'hôpital » en portant un paquet emballé dans une couverture.

C'était le nouveau-né, et c'était un garçon. Elle s'approcha du trompettiste.

« Dis-moi, mon gars, comment c'est ton prénom ? Parce que la mère m'a fait comprendre qu'elle veut que le petit s'appelle comme toi.

— Comme moi ? Mais c'est impossible. C'est trop difficile à prononcer pour ces pauvres gens. Mon prénom, c'est Thelonious.

— Comme le vieux Monk ? Pas facile, tu l'as dit. »

Omar, le pianiste, s'approcha du bébé et prononça quelque chose qui ressemblait à « Sélonillousse ». Le père du bébé qui suivait l'infirmière répéta « Sélonillousse ». Les enfants crièrent « Sélonillousse ». Puis tout le monde reprit « Sélonillousse ». Et l'enfant fut baptisé.

Alors le trompettiste fit signe aux autres qu'il voulait jouer quelque chose pour le bébé, qu'il voulait le jouer tout seul si ça ne les gênait pas. On s'assit par terre sagement et les notes s'envolèrent. Thelonious jouait *A child is born*, « Un enfant est né », une composition douce et tendre de Thad Jones, un autre grand trompettiste de jazz. On aurait dit que cette musique avait été faite pour ça, pour être jouée dans cette cantine, devant une foule de réfugiés que la guerre guettait. Jouée pour un petit d'homme qui était né malgré tout.

Pendant ce temps, le soleil se levait derrière le bois. Le canon recommençait à tonner, de plus en plus fort, de plus en plus près. Dans sa tente, le général commandant les Casques bleus hésitait. Il avait reçu des messages menaçants des miliciens qui voulaient « nettoyer la région », comme ils disaient. Que fallait-il faire? Évacuer tous les réfugiés, remettre ces malheureux sur la route? Ou attendre que la fureur des tueurs retombe? Dans la cantine, sous le souffle de la trompette, la vie de « Sélonillousse » ne faisait que commencer. Et la pluie s'était remise à tomber sur les chemins boueux.

4

La chemise violette

Jean-Luc Ferré

Le lendemain de ses seize ans, Gilbert avait décidé de ne plus s'habiller qu'en noir et blanc. Pour son anniversaire, sa mère lui avait offert une chemise violette. Un violet criard. Agressif. Il n'imaginait même pas qu'un tel violet puisse exister. Pourtant si. Et il devait le porter. Au moins pour faire plaisir. Mais avec quoi ? Aucune couleur un tant soit peu raisonnable ne pouvait s'envisager avec une telle chose. Quel que soit le pantalon, ou, pire, les chaussettes, qu'il tentait d'harmoniser avec la maudite chemise, c'était une horreur. Le violet semblait baver, dégouliner sur ses vêtements, suinter de toute sa personne pour finir. Une dégoûtation. Sortir ainsi, c'était la honte, le ridicule assuré.

Il fut donc ridicule.

Le soir même, il prit plusieurs résolutions :

– se méfier de sa mère, responsable de cette vilenie insoupçonnable, mais qui devait bien traduire un désamour quelconque (impossible d'expliquer autrement ce cadeau empoisonné...) ;

– se défier de tous les gens – sûrement des millions – qui pouvaient l'avoir vu ce jour-là, pauvre hère mortifié, et qui ne manqueraient pas de lui rappeler sournoisement son malheur ;

– se débarrasser enfin de cette chemise, la déchirer, la brûler au moins et, dans l'élan, éliminer toutes les couleurs de sa garde-robe. Le problème ne se poserait plus. Jamais. Noir et blanc. Amplement suffisant. Plus de choix, de mauvaise surprise, d'angoisse traumatisante.

Cette disposition vestimentaire radicale, au fil du temps, aurait pu influencer la vision du monde de Gilbert. Le noir et le blanc, le bien et le mal, les bons et les méchants, tout l'un ou tout l'autre, sans zone intermédiaire. Sauf que pas du tout. Gilbert se fit plutôt un univers gris. Comme ses yeux. Un signe, sans doute. Car d'où venaient-ils, ces yeux ? Ceux de sa mère étaient banalement marron. Quant à ceux de son père… Gilbert ne le voyait qu'une fois par an. Pour les vacances de Pâques, onze jours exactement. Son père était un maniaque du temps passé, engagé, perdu. Avec sa petite taille, ses lunettes, et ses incisives débordantes, il pouvait faire penser au lapin d'*Alice au pays des merveilles*, courant dans tous les sens et répétant : « Je suis en retard, je suis en retard ! » Mais son père n'était jamais en retard. Il calculait tout. Onze jours donc, ni plus, ni moins, pendant lesquels on ne pouvait pas dire que leurs regards se croisaient souvent. Alors les yeux de son père, Gilbert ne savait pas. Peut-être beiges. Plus probablement indéfinissables.

Comme tant d'autres choses que Gilbert n'arrivait pas vraiment à cerner.

À l'inverse de son père, il avançait dans sa grisaille quotidienne sans le moindre repère. Il ne se levait pas pendant deux jours, petit-déjeunait parfois à six heures du soir ou à deux heures du matin, commençait un livre à la page 112, ne comprenait rien, puis recommençait à la fin. Bon.

Sa mère à vrai dire ne l'aidait guère en la matière. Absente la plupart du temps, ou débarquant au milieu de la nuit, elle s'endormait tout habillée sur le sofa, pour repartir à l'aube vers des destinations inconnues. « Le boulot... » disait-elle. Elle était avocate. D'affaires. Et les affaires tournaient visiblement à une vitesse sidérante. Quand la ronde infernale ralentissait, il arrivait que Gilbert et sa mère se rencontrent. Affalé par exemple devant la télévision, à quatre heures du matin, Gilbert entendait le cliquetis de la serrure de la porte d'entrée.

« Gilbert, t'as vu l'heure ? Qu'est-ce que tu fais là ?

— Maman, t'as vu l'heure ? D'où tu viens ?

— Arrête. Qu'est-ce que tu regardes ?

— Histoires naturelles. Un truc sur la respiration branchiale des têtards. C'est dément.

— Gilbert, je ne sais pas vraiment ce qui est dément. Mais je trouve que tu ferais mieux de te coucher. Et puis sortir aussi de temps en temps. Tu pourrais justement voir la nature autrement qu'à travers le petit écran à des heures improbables.

— Maman, je me demande si en sautant d'un avion à une salle de réunion, tu vois la nature autrement qu'à travers un hublot ou la fenêtre d'un bureau perché au soixante-douzième étage d'un building.

— Gilbert, tu me fatigues. Je vais me coucher.

— Voilà. À demain.

— Non, demain, je pars aux aurores.

— Où ça ?

— Je voulais dire que je partais très tôt.

— C'était pour rire, maman.

— Il est trop tard pour ça. Donc, je m'en vais pour trois jours. On se verra samedi.

— Comme d'habitude quoi. »

Tout au contraire : ce samedi-là allait bouleverser l'existence morne de Gilbert.

*

* *

Le samedi seize juin, à 19 h 12, Gilbert tomba dans les pommes. Là, comme ça, sur le tapis au beau milieu du salon, apparemment sans raison. Sa mère, qui sortait de sa chambre où elle se préparait pour un dîner d'« une extrême importance », faillit trébucher sur lui. Puis céder à la panique après quelques paires de claques restées sans effet. Elle téléphonait déjà pour avertir qu'elle serait sans doute en retard à son rendez-vous quand Gilbert ouvrit enfin un œil et articula pâteusement quelques mots en lui demandant de se calmer. Ce qu'elle fit en assurant à son interlocuteur téléphonique qu'elle serait finalement à l'heure.

Plus tard dans la soirée, Gilbert repensa à sa mésaventure. Il n'était ni malade ni fatigué. Il avait bien mangé : un paquet de chips, une boîte de maïs, deux Mars. Alors pourquoi ? Il tenta de se remémorer les circonstances de sa défaillance. Il regardait la télévision, et une page de publicité interrompant le programme, il venait de se lever. Et c'est là que… Non. Pas immédiatement. Il avait vaguement entendu une publicité pour une lessive, et, montant du poste, quelques notes de musique, et… le noir complet. Le blanc total. Enfin pour lui c'était tout comme.

Mais alors… Était-ce possible ? Son malaise avait-il été provoqué par la musique ? Par ce début de morceau de piano, bientôt relayé par les accords d'une guitare, oui, parfaitement, il s'en souvenait maintenant, ces cordes qui vibraient encore à son oreille, il les entendait presque à nouveau, exactement, juste avant qu'il…

Gilbert retomba dans les pommes.

Le lendemain, il ne quitta pas sa chambre. Dans son pyjama à carreaux blancs et noirs, il restait debout, presque immobile, à se triturer les méninges. Sa découverte l'épouvantait, mais le séduisait aussi. Il était donc sensible à la musique. Excessivement sensible. Du moins à une sorte de musique. Ou même à une seule, à cet air-là, bien précis. Mais cette éventualité, non, il ne voulait pas y penser. D'ailleurs, durant la nuit, la mélodie lui avait totalement échappé. Ce qui renforçait sa conviction : si seule cette mélodie-là avait eu le pouvoir de l'assommer d'un coup, comme un méchant coup de gourdin, il s'en rappellerait. Au moins pour s'en défendre, en se bouchant les oreilles dès les deux premières notes repérées.

Non, c'était une partie de son être, en sommeil jusque-là, qui s'éveillait tout soudain, et vibrait à certains accents musicaux. Sacrée trouvaille. Mais comment vivre avec cela ? Il n'allait pas attendre que la foudre instrumentale lui tombe dessus au hasard, le cueille à froid dans n'importe quelle circonstance. Il fallait réagir. Et vite.

Gilbert se mit à chanter. D'une voix mal assurée d'abord, du bout des lèvres, comme s'il craignait d'avaler une mouche. Puis plus fort, avec de plus en plus de conviction, ce qui lui passait par la tête, c'est-à-dire tout et plutôt n'importe quoi. Enfin à tue-tête, en modulant ses intonations, hurlant bientôt en battant la cadence de ses poings contre le mur. Ce qui réveilla immanquablement sa mère.

« Mais, Gilbert, t'es malade ou quoi?

— Absolument pas, pa pa pa. Tu vois, je chante, et je ne tombe pas dans les pommes, pom pom pom.

— Ce qui veut dire ?

— Je ne veux pas m'avancer, mais je suppose que la suprasensationnelle sensibilité musicale qui m'habite depuis hier ne se déclenche pas quand je chante. C'est un élément positif dans le combat que je vais mener. C'est dément.

— Gilbert, je cerne de plus en plus ce qui est dément : toi. »

Sur ce, elle referma la porte de la chambre, laissant Gilbert à sa joie. Un plan venait de germer dans son esprit. Il était trop sensible, soit. Mais il se promettait de domestiquer cette sensibilité. De comprendre le pourquoi et le comment. Le moyen ? Il allait créer sa propre musique, épier ses réactions, au fur et à mesure, jouer sur la corde de ses émotions. Mais il serait le maître du jeu. Il transformerait ce handicap en véritable don. Car il en était sûr à présent : c'était un don qui s'était révélé la veille. Un cadeau. Sans doute en récompense de ses principes : se défier des gens, de brûler les couleurs du monde, de ne s'habiller qu'en noir et blanc. Tout s'expliquait. Et c'était bien.

*
* *

Pendant les six mois qui suivirent, Gilbert transforma sa chambre en studio d'enregistrement, artisanal certes, mais avec tout le nécessaire pour bidouiller sa musique : guitare, synthétiseur, boîte à rythmes, micros, magnétophone quatre pistes. Il faillit aussi acheter un ordinateur, mais l'informatique lui donnait des boutons. Une espèce d'irritation sur le bout des doigts et aux tempes. Du moins, à ce qu'il prétendait.

Sa mère ne fit aucun commentaire et se contenta de signer quelques chèques. Gilbert attribuait ce mutisme généreux à la culpabilité qu'elle devait éprouver. Elle s'était en effet absentée un mois pour négocier un gros contrat à l'étranger. Pour compenser, elle gâtait son fils. Gilbert en profitait, en exprimant sa bonne humeur de façon assez bruyante. Surtout au début, quand il maîtrisait encore mal les instruments. Ce qui, heureusement pour la santé de ses voisins, ne dura que quelques semaines. Car Gilbert était doué, ce qui ne manquait pas de renforcer sa détermination.

La cacophonie des premiers temps ne provoquait, en dehors d'une migraine tenace, aucun trouble particulier chez Gilbert. Peu à peu, il parvint à produire quelques lignes musicales qui ne griffaient plus ses tympans mais au contraire chatouillaient ses sens. Encore un effort et un accord plaqué là, une harmonie se détachant ici, arrivaient presque à le déstabiliser. Il voyait la tapisserie se décoller des murs, le plafond tournoyer, et tombait presque de son tabouret. Souvent la syncope menaçait, mais il se maîtrisait *in extremis.* Il se dépêchait alors d'enregistrer. Quand il réécoutait, le même phénomène se produisait. Il savait alors qu'il était sur la bonne voie, qu'il apprenait par petites touches à se dominer. Sa sensibilité était son diapason. En frôlant l'inconscience, il savait qu'il frisait la perfection musicale.

Au cours des six mois suivants, Gilbert tomba treize fois dans les pommes. Il tenait donc treize morceaux. Il n'était pas superstitieux, mais il jugea ce chiffre satisfaisant. Il s'appliqua à les enrichir par de multiples arrangements et à les écouter en boucle sans s'évanouir. Tout allait pour le mieux.

Son triomphe n'était cependant pas total. À force de passer et repasser ses bandes, il ressentit un manque. Son travail – il préférait parler de ses recherches – lui paraissait inabouti. Gilbert connut alors une période d'abattement. Quand il se levait le matin, il lui semblait qu'il boitait. En se brossant les dents, il avait la sinistre impression qu'elles se déchaussaient et risquaient de dégringoler dans le lavabo. Une nuit, il eut un cauchemar atroce : son pull à col roulé essayait de l'étrangler. Enfin, après dix jours d'angoisses, il comprit. Sa musique appelait des paroles. Bien sûr. Il devait écrire. Mais avait-il quelque chose à dire ?

Nouvelle semaine de malaise. La tâche n'était-elle pas insurmontable ? À quoi bon s'obstiner ? Il devait pourtant achever son projet. Car son mal-être, lui, s'obstinait. Une force mystérieuse le poussait à poursuivre, ne lui laissant aucun répit.

Heureusement le déclic vint. Pourquoi se poser la question de ce qu'il avait à dire, puisque, après tout, il ne souhaitait pas diffuser son œuvre. Il pouvait parfaitement se raconter ses petites choses à lui, ses petites manies ou ses grands tourments, ce qui l'intéressait au plus haut point. Comme une sorte de journal intime. Cela suffirait certainement à son bonheur. Cela suffit effectivement. Mais c'était sans compter avec sa mère.

*
* *

Gilbert l'ignorait, tout absorbé qu'il était, mais sa mère suivait, l'air de rien, l'évolution de la situation. Elle ne lui posait jamais de question. Autant dire qu'elle ne disposait que d'informations très fragmentaires. Aussi, un des rares jours où Gilbert quitta l'appartement – il avait impérativement besoin d'un éclair au chocolat pour alimenter son inspiration, dit-il –, elle en profita pour s'introduire dans sa chambre et écouter rapidement quelques-unes de ses bandes.

Elle fut surprise. Agréablement. Surtout par les textes de Gilbert. Ils étaient plutôt bien écrits, avec un humour décalé qu'elle ne connaissait pas à son fils, et même un certain détachement qui montrait que le garçon ne se prenait pas forcément au sérieux. En résumé, elle fut conquise et vit Gilbert sous un nouveau jour. Ça tombait bien, car il était temps de bousculer les habitudes du jeune homme. Cela faisait un an qu'il restait quasiment en permanence enfermé entre les quatre murs de son « atelier ». Il fallait élargir son horizon. L'obliger, à bientôt dix-huit ans, à sortir de sa coquille.

Son plan était simple : dérober à Gilbert un de ses enregistrements. Elle savait qu'il les avait reproduits à plusieurs exemplaires. Puis, sur les conseils avisés d'un de ses amis journalistes, envoyer la cassette aux rubriques « musique » de quelques bonnes gazettes. Bouteilles à la mer, peut-être, mais elle ne voulait pas non plus s'engager plus avant, au cas où la production de son fils ne plaise guère et fasse finalement rigoler les spécialistes. Pas question qu'on la prenne pour une mère poule qui couvait son rejeton d'artiste en fait dénué de talent.

Après trois semaines passées à guetter le moment propice, elle put enfin agir. Ne restait plus qu'à attendre. Avec un peu de chance…

*
* *

Ce jour-là, Gilbert faisait la chandelle dans l'entrée de l'appartement. Une position qui le décontractait. Le téléphone sonna. Gilbert détestait le téléphone. Il répondait rarement. D'autant que tous les appels s'adressaient à sa mère. Et qu'il ne comprenait jamais rien aux messages qu'il devait lui transmettre. Mais cette fois, l'appareil émit un son qu'il trouva bizarre, extrêmement déterminé, impératif même. Il décrocha.

« Allô, Gilbert D. ? »

Mon dieu, c'était pour lui.

« Euh… oui.

— Bonjour, je suis Bruno Jérôme, du quotidien *Liberté*. Je vous appelle au sujet de la cassette que vous nous avez envoyée. Nous la trouvons très intéressante. À tel point que nous prévoyons de faire une double page sur votre travail. Avec un long article critique, et si vous êtes d'accord, une interview pour expliquer notamment votre méthode, vos sources d'inspiration, votre écriture. Vous savez, il est très rare que nous recevions des enregistrements aussi originaux. Nous fonctionnons à l'affectif, et là, croyez-moi, vous nous avez séduits. Comme nous aimons bien découvrir les choses avant tout le monde, nous souhaitons mettre le paquet. Vous avez déjà essayé de contacter des maisons de disques ? Allô ?

— Euh… je… Mais comment… euh… Qui est-ce qui…

— O. K., je comprends. Vous êtes surpris. C'est un peu normal. Envoyer sa cassette, comme vous l'avez fait, cela marche rarement. Mais des morceaux comme *Humiliation*, *Noir et Blanc*, *Le courage des têtards*, *Juste après la lessive* ou *Le col roulé* possèdent vraiment un ton. Peut-on se rencontrer ?

— C'est-à-dire… Je ne comprends pas… Comment pouvez-vous… Je ne sais pas.

— Écoutez, si vous voulez, on peut en parler au téléphone. Par exemple, souhaiteriez-vous sortir un album avec ces treize morceaux ?

— Parce que… Envoyer… Mais qui…

— Parce que, voyez-vous, je me demande quel titre vous aimeriez lui donner… »

Il fallait répondre quelque chose. Se reprendre. Articuler au moins une phrase intelligible, quitte à réfléchir après au pourquoi du comment de ce coup de fil incompréhensible.

« La chemise violette.

— La chemise violette???

— Oui, euh… c'est-à-dire… je crois que c'est comme cela que tout a commencé.

— Racontez-moi… »

5

Le plus mauvais troubadour de tous les temps

Erwan Seznec

Oyez, oyez, braves gens, la complainte du pauvre Eusèbe de Mirliflor, plus mauvais troubadour du royaume de France, que son acharnement à pousser la chansonnette mena jusqu'au gibet du sire de Montfaucon, où il passa des instants difficiles avant de mourir dans son lit, quarante-sept ans plus tard, serrant tendrement la main de Dame

Mirliflor, entouré de ses quatorze enfants, de moults pages, serfs et gueux, dont l'affection à son égard n'avait d'égale que son silence. Car, dans la dernière partie de sa vie, nul n'entendit plus jamais Eusèbe flatter son luth[1] et agacer de sa voix chevrotante les oreilles pourtant indulgentes de notre très Sainte Vierge Marie, à qui il aimait dédier ses poèmes. Et si cette dernière, à bout de patience, finit par s'en plaindre à son fils Jésus dont le juste courroux s'abattit sur Eusèbe, notre Sainte Mère prise de remords, sut aussi retenir au dernier moment la main du bourreau de Montfaucon. Ce fut grande et divine justice, car jamais oncques[2] ne vit homme meilleur, plus doux et plus courtois que le calamiteux troubadour de Mirliflor.

Je suis aujourd'hui bien vieux, mes dents se déchaussent et ma vue se trouble, mais dussé-je vivre encore cent ans, jamais ne n'oublierai ma rencontre avec Eusèbe. Je me tenais à la croisée des chemins, à une demi-

---

1. Luth : instrument à corde très à la mode du XVIe au XVIIIe siècle.

2. Oncques : forme ancienne de « on ».

lieue[1] du village de Montestic, et grande était mon hésitation sur la route à suivre. Une troupe nombreuse et hérissée de fourches surgit au détour d'un bois, interrompant ma réflexion. Devant elle courait un troubadour portant des chausses rapiécées, un manteau de velours râpé et un pourpoint élimé, mais tenant haut un luth de bonne facture. Il s'abattit à mes pieds en m'implorant :

« Seigneur, au secours, ces gueux veulent m'occire. »

Les villageois circonspects s'étaient arrêtés à prudente distance. Je fis mine d'avancer à leur rencontre, et ils s'égayèrent comme troupasse d'étourneaux quand paraît le faucon. L'air farouche que je m'étais composé sur le champ n'y était pas pour rien, tout comme celui de mon ours Martin, que j'avais régalé ce matin-là d'un frugal brouet de poireaux, et qui aurait bien croqué quelques gras fermiers en guise de dessert.

---

1. Lieue : correspond à environ quatre kilomètres.

Je me retournai vers mon protégé. Il avait brossé son habit et reprenait contenance, mais ses frêles genoux tremblaient encore. Il me remercia :

« Acceptez sans façon les mille grâces d'Eusèbe de Mirliflor ! L'haleine fétide de ces canailles brûlait déjà ma nuque, quand la providence vous a posé sur mon chemin. Sans vous, ils me lardaient de coup de fourches, car je ne suis point agile à la course, non plus qu'à guerroyer.

— Qu'avez-vous donc fait pour attiser leur colère ? Avez-vous volé, menti ou commis quelque autre péché ?

— Rien de tout cela. J'ai juste chanté.

— Je vois. Vous avez dénoncé en vers l'avarice des bourgeois, la cruauté des prévôts[1] et la perfidie des femmes. Montestic ne vous l'a pas pardonné.

— Non, pas du tout. J'ai simplement fredonné par les rues des airs de ma composition, sans me laisser intimider par les remarques désobligeantes des fâcheux. Il s'en trouve toujours qui n'aiment pas la musique.

1. Prévôt : magistrat.

Mais jugez plutôt de l'innocence de mes compositions. »

Je m'assis au bord du chemin. Eusèbe se racla la gorge, saisit son luth, entama sa ballade et ne s'interrompit qu'après de longues minutes.

Un silence suivit. Eusèbe attendait mes compliments, mais je ne savais que dire. Dresseur d'ours de mon état, j'étais ignorant en matière de musique. Son chant avait simplement réveillé en moi le lointain souvenir de ma chèvre Ursuline, à laquelle j'étais très attaché dans mon enfance. La pauvre bête avait poussé des cris comparables à ceux d'Eusèbe le jour où un mulot l'avait mordu à la langue, alors qu'elle broutait l'herbe tendre. Âgé de huit ans, je vis disparaître ma chèvre au grand galop, le cruel rongeur à ses babines, et n'eus plus jamais de ses nouvelles.

« Vous êtes ému, je le vois bien », remarqua Eusèbe.

J'approuvai de la tête, sans ouvrir la bouche.

« N'en dites pas plus. De la musique naissent parfois des émotions que le langage ne fait que trahir. J'ai l'habitude. »

J'avais gagné le cœur du poète, et nous fîmes route de concert. Moi-même, je ne savais où aller. J'avais dû quitter la troupe de ménestrels, jongleurs et diseurs de bonne aventure, avec laquelle je montrais Martin de ville en ville, à cause des ragots d'un Espagnol cracheur de feu qui avait pris l'animal en grippe. Je racontai chemin faisant mon infortune à Eusèbe, qui m'assura qu'il n'aurait pas pris la mouche si Martin s'était assis sur lui par inadvertance.

« Cet Espagnol était bien ombrageux! Dieu me pardonne, mais si l'ours s'est assis, c'est qu'il était fatigué », remarqua Eusèbe.

Et nous tombâmes d'accord pour dire que ce n'était pas la faute de Martin si l'Espagnol, qui se préparait au moment de l'incident, à cracher sa flamme, avait, sous le coup de la surprise, avalé sa décoction à base d'huile orientale, de gras de porc et de cire fondue.

Eusèbe avait l'esprit vif.

« Le seigneur avait voulu que nos deux routes se croisent, remarqua-t-il. N'était-ce point une incitation à mêler nos talents? Un troubadour et un dresseur d'ours, tous les deux forts versés dans leurs arts respectifs, ne pourraient-ils pas ensemble apprendre à l'animal à danser la bourrée ? »

J'arrêtais tout de suite l'imagination galopante de mon nouvel ami : Martin n'obéissait qu'à mes gestes. Sourd d'une oreille depuis sa naissance, il n'entendait plus rien depuis quelques saisons. Je m'en félicitais par-devers moi, car qui pouvait prévoir sa réaction au chant du troubadour de Mirliflor ? J'avais souvenance[1] d'une colère terrible de Martin, qui n'avait pas supporté d'entendre un chat coincé dans une vieille armure rouillée tenter de s'en extraire à coups de griffes sur le métal. La mélodie qui s'en dégageait n'était pas sans rappeler les cris du luth torturé par Eusèbe.

Nous devisâmes ainsi tout le jour. Le Seigneur me saura gré de ma sincérité si je dis que j'entretenais le feu de la conversation avec l'énergie du désespoir ; car quand Eusèbe ne parlait pas, il chantait. Je m'enquis de savoir d'où lui venait cet art tout

1. Souvenance : souvenir.

personnel du luth. Il avait probablement étudié de longues années sous la férule[1] de quelque grand maître ?

« Que nenni, me répondit Eusèbe. Chant et solfège ne sont point chose que l'on apprend à force de labeur. Le talent du poète vient en naissant, et le travail lui sied comme une paire de gants à un canard. »

Par monts et par vaux, nous cheminâmes une semaine durant. Le printemps était doux mais les nuits fraîches : nous dormions serrés contre Martin, qui s'était pris d'affection pour Eusèbe, et marchions de villages en villages vers la cité de Bénévent, sur les terres du sire de Montfaucon, gentilhomme courtois qui entretenait une cour brillante, où Eusèbe comptait bien se faire remarquer par ses chansons. Moi-même n'avais d'autres ambitions que de montrer mon ours et d'y trouver un habile chirurgien capable de lui déboucher l'oreille.

Le voyage fut monotone. On nous jeta moults cailloux pointus à Foucherat, Baille-

1. Férule : « être sous la férule » signifie être sous l'autorité.

font et Courtepille, où Eusèbe avait déjà sévi. Nous évitâmes Crépin-le-Neuf, car ces rustres de Crépinois avaient pris le pacifique Eusèbe pour un sorcier l'année précédente.

« Tout ça parce que deux ou trois chiens s'étaient couchés à mes pieds en grinçant des dents alors que je jouais sur la place ! Ils m'ont accusé d'attirer le mauvais sort, et je crois bien qu'ils m'auraient crucifié à la porte de leur église, sans l'arrivée fortuite d'une troupe d'écorcheurs qui a mis le village à feu et à sang, semant la mort et la désolation, et ne laissant derrière elle qu'un tas de ruines fumantes. Crépin-le-Vieux était de toute façon un hameau fort laid, et je crois bien que le Neuf ne vaut guère mieux », m'expliqua mon compagnon alors que nous observions les toits de chaumes à prudente distance.

Nous passâmes sans bourse délier le péage du pont de Tourtouron. À court d'argent, Eusèbe avait proposé de jouer pour les soldats chargés de prélever l'impôt. Ils avaient fixé un tarif outrageusement élevé pour une heure de musique, mais quelques minutes suffirent…

À l'*auberge des Trois-chemins*, j'obtins le gîte et le repas pour la nuit, en échange des jongleries de mon ours. J'avais gagné le silence d'Eusèbe en lui faisant croire que la femme de l'aubergiste s'était enfui avec un troubadour, et que celui-ci promettait depuis mille morts à tous les poètes.

« Il est assoiffé de sang et crie vengeance. Je vous en conjure, cachez votre luth dans les fourrés, nous le récupérerons demain dès l'aube », suppliai-je.

Il se plia de mauvaise grâce à mes arguments, car il tenait à son luth comme à la prunelle de ses yeux et enveloppa l'instrument dans son manteau pour le protéger de l'humidité.

Ce que je comptais faire cette nuit-là, je n'en étais pas fier. J'hésitais d'ailleurs jusqu'au dernier moment. Et quand je me relevai finalement sans bruit pour sortir de l'étable, alors que mon compagnon dormait serré contre Martin, ce fut le cœur bien lourd. Avant même de commettre mon crime, le remord me tenaillait déjà.

« Si tu te regardes demain matin dans le miroir des âmes, qu'y verras-tu ? Judas ! »

pensai-je en cheminant dans la campagne. Et puis je me répétai qu'en détruisant son luth, je rendais service à Eusèbe. « Le luth le mène à sa perte ! » marmonnais-je entre mes dents. « Il chante abominablement faux, c'est vrai, mais sans plus. Pour le luth, c'est autre chose, car, en grattant les cordes, il est capable de réveiller la bête qui dort en tout chrétien. »

Arrivé à la cachette, je sortis l'instrument. Il était doux au toucher et brillait faiblement sous la lune. C'eut été vraiment un crime que de le détruire. Je décidai de le poser près de la grand-route, un quart de lieue en arrière, à peine dissimulé dans les herbes du fossé. Il ferait le bonheur d'un voyageur de passage.

En revenant vers l'auberge, je me heurtais presque à une longue et maigre silhouette qui progressait dans les bois à pas hésitants :

« Eusèbe ! Où allez-vous donc ?

— Je ne suis pas tranquille au sujet de mon luth. Je voudrais m'assurer qu'il est toujours à sa place, mais je peine à reconnaître les lieux en pleine nuit. Et vous-même, comment se fait-il que vous ne dormiez pas ?

— La pleine lune me rend insomniaque.

— Il fallait me le dire, je vous aurais chanté un air apaisant.

— Je vous en remercie, mais il n'y a rien à faire, c'est de famille, mon père et mon grand-père étaient ainsi. J'ai préféré marcher, et j'en ai profité pour pousser jusqu'au luth. Il est bien caché, vous pouvez en être sûr. »

Eusèbe me prit alors le bras :

« Ce que vous venez de faire me touche beaucoup. Vous avez compris combien j'étais attaché à ce luth.

— Oui, Eusèbe.

— Voyez-vous, il me vient de mon père, un troubadour maudit qui toute sa vie a affronté les rires et les quolibets. En me léguant son instrument, il m'a fait jurer sur son lit de mort de porter haut le nom des Mirliflor. Et j'entends bien tenir mon serment en le faisant résonner dans toutes les cours de France et d'Italie. Sachez-le, car lorsque je serais devenu célèbre, je ne vous oublierai pas. Vous êtes un vrai ami. Pour moi, je peux bien le dire, vous êtes sans doute le seul. »

Et Eusèbe me serra contre sa frêle poitrine, où battait son grand cœur de poète.

Le lendemain, nous entrions dans

Bénévent, moi tirant Martin au bout de sa laisse, mon compagnon de route portant le luth en bandoulière.

« Chose promise, chose due! s'exclama-t-il tout guilleret en franchissant les portes de la cité. Je me fais fort de trouver dans la journée un habile médecin capable de déboucher les oreilles de Martin! »

Comme je protestai, Eusèbe insista :

« Pas tant de manière! Je vous dois bien ça. Sans vous, jamais je n'aurai retrouvé mon luth, car j'étais persuadé de l'avoir caché bien plus près de l'auberge la veille de notre départ. Heureusement que vous avez insisté pour remonter le chemin d'un quart de lieu. Je vous dois d'ailleurs des excuses, car j'ai douté de vous et de votre mémoire. Si, si. »

Et je suivis le troubadour euphorique dans les rues encombrées, en implorant sainte Cécile pour qu'elle donne un peu de talent à Eusèbe, puisque le destin et ma lâcheté lui avaient laissé son luth. Mais la patronne des musiciens ne m'entendit point. Et pourtant, quel homme de valeur que cet Eusèbe! Je découvris toutes les ressources de son esprit ingénieux lors de notre bref séjour à Montfaucon. En un rien de temps, il trouva un médecin qui déboucha l'oreille de Martin, grâce à une bassine d'eau chaude et à une grande seringue. L'ours fit preuve d'une grande placidité pendant l'opération, égratignant à peine le médecin, qui put marcher sans béquilles moins d'un an plus tard. Nous le remerciâmes chaleureusement.

Puis Eusèbe, grâce à un ingénieux stratagème, s'introduisit à la cour de sire de Montfaucon. Il rédigea d'une main habile une lettre de recommandation en latin :

Nostrum, Avignones Papus,
Dixit que Eusebus Mirliflorem grandus troubadorus est
Amicum suum in Ursidi directorem habilissimus est
Artisti genialissimi et talentuosi sunt
Cum grandum respectum et generositatum
Receptionare et remunerare essere dovrunt.
Clementus IV, papus in Avignonem Urbi

L'intendant du château perça malheureusement à jour notre subterfuge. Ses soupçons furent aiguisés par le fait que faute de parchemin, Eusèbe avait écrit la lettre de recommandation sur mon front. Il nous apprit en outre que le pape Clément III régnait toujours en Avignon.

« Mais revenez quand même ce soir, nous dit l'intendant. C'est la morte saison, et il ne passe que très peu de bateleurs. Notre sire ne sait comment divertir ses invités. Il sera heureux d'ouïr des airs joyeux et d'admirer les prouesses de votre ours. »

C'est ainsi, grâce à l'audace et à l'habileté d'Eusèbe, que nous déambulâmes au milieu des belles dames et des preux chevaliers de Montfaucon, le soir même de notre arrivée dans la cité de Bénévent.

Nous eûmes malheureusement très peu de temps pour apprécier les raffinements de cette noble assemblée. La faute en incombe assurément au chevalier Thibault de Montgermond. Quelle mouche le piqua donc de sortir son épée en bondissant comme un diable au milieu du repas lorsque Martin se dressa sur ses pattes arrières en rugissant ? Le pauvre animal à l'oreille fraîchement débouchée venait pour la première fois d'entendre chanter Eusèbe. Il était fort surpris, j'en conviens, mais guère plus que les autres invités. Sans ce geste vif du chevalier, j'aurais certainement pu le ramener à la raison. Malheureusement, l'éclat de la lame intimida Martin, qui battit en retraite vers la fenêtre à laquelle s'appuyait mélancoliquement Dame Frénégonde. Il y eut plus de peur que de mal, car on la repêcha indemne dans les douves, mais l'incident peina notre hôte, qui tenait plus que tout au bien être et à l'agrément de ses invités. Et c'est d'une voix altérée par la contrariété que Sigisbert de Montfaucon nous annonça après quelques instants de réflexion que nos tours de chants et de dressage étaient annulés. Il ajouta que nous serions décapités à l'aube, puis pendus. Le sénéchal de Bénévent lui fit respectueusement remarquer qu'il avait inversé l'ordre des condamnations. Sigisbert l'en remercia courtoisement et rit lui-même de sa bévue, ce qui contribua à restaurer la bonne humeur générale pendant que les gardes nous passaient les fers.

La nuit fut blanche et agitée. Eusèbe se remettait mal de n'avoir pas pu réciter devant la belle société de Montfaucon l'air qu'il avait composé spécialement pour l'occasion. Il m'en fit profiter, ainsi que nos geôliers, et j'eus toutes les peines du monde à retenir l'ardeur de ces derniers, qui ne souhaitaient pas attendre l'aube pour mettre un terme à notre vie terrestre. Moi, je pensais à mon ours, et j'espérai qu'on prendrait bien soin de lui au château de Montfaucon.

Le ciel rosit enfin, et on nous sortit de nos cellules. La foule s'était rassemblée sur la place au pied des remparts. Eusèbe faisait preuve d'un courage exemplaire. Je le revois encore, pâle mais digne, face à ce bourreau en cagoule rouge qui aiguisait sa hache, vérifiait la solidité de sa corde et faisait craquer ses doigts. Lorsqu'il entonna son dernier chant, la tête déjà passée dans le nœud coulant, sa voix ne tremblait pas, du moins pas plus qu'à l'ordinaire. Il était héroïque. Et je fus bien attristé quand de la populace réunie devant l'échafaud jaillit un œuf destiné selon toute vraisemblance à faire taire le poète, mais qui atteint le bourreau en pleine face.

« Quelle lâcheté ! » pensais-je, alors que la maréchaussée se précipitait pour arrêter le coupable.

Ils s'emparèrent d'un grand cordonnier borgne, qui à mon humble avis était innocent. Des protestations s'élevèrent, et une certaine confusion s'ensuivi. Le cordonnier se débattait comme un beau diable, et la foule protestait, car le spectacle tardait à commencer. Le bourreau s'en offusqua, et menaça de procéder à une exécution à huis clos, derrière les remparts. Il fut hué, ce qui l'incita à ordonner quelques arrestations supplémentaires. Le peuple marqua sa désapprobation en assommant les gardes et en montant à l'assaut de l'échafaud, armé de leurs lances, de grosses pierres et de couteaux. Eusèbe et moi ne savions que faire, car la querelle mettait aux prises les gens de Bénévent, et nous ne nous sentions pas le droit de nous en mêler. Plus personne ne faisait attention à nous.

« Si nous partions ? » dis-je à Eusèbe.

Il glissa sa tête hors du nœud coulant, et les mains attachées derrière le dos, nous progressâmes à petits pas jusqu'au bord de l'estrade, avant de sauter à terre et de courir comme des lièvres le long des remparts.

Nous nous séparâmes au bord d'une rivière. Je n'avais plus d'ours, il n'avait plus de luth; chacun devait retrouver un instrument de travail, et je préférais tenter ma chance de mon côté. Je serrai le poète dans mes bras et l'abandonnai sous un saule. J'avais fait moins de trente pas quand il m'apostropha. Je me retournai, et il me dit :

« Suis-je donc un si mauvais troubadour ?

— Aussi mauvais que vous êtes bon compagnon. Vous chantez faux et vous jouez affreusement du luth, Eusèbe. Je crois que vous devriez changer de métier. »

Le troubadour sentait encore la corde rugueuse autour de son cou. Il était mûr pour entendre de telles paroles.

Des années plus tard, je le retrouvai au hasard de mes voyages, ayant pris racine dans un petit village où il assumait les fonctions de maître d'école, d'écrivain public et d'homme de loi. Il avait femme et enfants, et l'un d'entre eux, m'assura-t-il, chantait à merveille. Lui-même avait totalement renoncé à la musique, mais il continuait à composer des airs et à écrire des poèmes. Il me les montra un soir à la veillée, mais il ne les chanta pas.

« Vous n'étiez pas fait pour ce métier, lui confiai-je.

— Peut-être... Mais au moins j'aurais essayé », me répondit-il.

Et il donna un grand coup de tisonnier dans les bûches, faisant s'envoler un nuage d'étincelles qui éclaira son visage rêveur.

6

Gavroche perd sa voix

Anne Ricou

« Mes amis, la Révolution commence! » Le dernier acte de la comédie musicale des *Misérables* s'ouvre dans le vacarme d'une rue en insurrection et de roulements de tambours. Dans la salle, le public est tendu. Il devine déjà l'issue fatale de cette révolution. Et se sent impuissant, assis dans son fauteuil, face aux ennemis de la Liberté.

Matthias adore ce moment. Il interprète le Gavroche rusé et moqueur de Victor Hugo. Il ne lui reste plus qu'une dizaine de minutes avant de faire sa dernière entrée et de devenir le héros des barricades. Et ce soir, Daniel, le metteur en scène, a prévenu sa troupe : des producteurs sont dans la salle, à la recherche de jeunes talents. « Moi! » avait tout de suite pensé Matthias…

Derrière le décor, il savoure maintenant les derniers instants d'attente. Chaque soir, il respecte le même rituel : passer de temps en temps un œil pour fixer en vain le trou noir du public. S'imprégner du bruit des coulisses et des grincements des cordages des décors. Vérifier une derrière fois sa casquette et sa frange – « ta mèche toujours sur le côté gauche » lui répète sans cesse la maquilleuse. Respirer un grand coup. « À nous deux, Gavroche », murmure-t-il enfin à chaque entrée.

Puis vient le grand plongeon à travers l'écran de fumée pour rejoindre ses partenaires. Et la traversée de la scène, au ralenti, pendant que la musique prend le pas petit à petit sur le bruit du canon. Au milieu de la scène, Gavroche entonne :

« On est laid à Nanterre,
C'est la faute à Voltaire,
Et bête à Palaiseau,
C'est la faute à Rousseau.

« Joie est mon caractère,
C'est la faute à Voltaire,
Misère est mon trousseau,
C'est la faute à Rousseau. »

Un chœur s'élève des barricades, voix graves des hommes, voix légères des femmes. Perché sur une brouette renversée, sous un drapeau bleu blanc rouge, Gavroche est à la proue de son radeau, constitué de débris de bois et de pavés parisiens. « Imagine : tu es Gavroche, le roi de Paris. Le monde t'appartient! » avait martelé Daniel, le metteur en scène, pendant toutes les répétitions pour mieux imprégner Matthias de son rôle. Ces recommandations brûlaient en lui. Il défiait le public; et le corps très droit, il se sentait un révolutionnaire, un vrai!

Mais ce soir, un autre refrain intérieur recouvre la ferveur du gamin des rues de Paris. « Je suis Matthias. Le roi de la scène.

Le monde m'appartient. Et les producteurs sont là! Je suis Matthias. Le héros des barricades. Le monde m'appartient. Et ils me regardent! »

Sautillant sur le pavé, Gavroche chante à nouveau son dernier défi avant de tomber sous la balle meurtrière. « Je suis encore mort hier soir », aime ensuite lancer Matthias le lendemain, crânant devant ses copains du collège.

Pour l'instant, il ne pense qu'à une chose : « Il faut que j'assure. Ils sont là! » Mais, soudain, les paroles qui sortent de lui le glacent d'effroi. Sa voix saute des graves aux aigus. Rebelle, elle déraille dans la plus grande anarchie. La mélodie continue alors que *La faute à Rousseau* est chantée par une voix vacillante et ponctuée d'à-coups vers les extrêmes. *« Je suis tombé par terre, c'est la faute à Voltaire. Le nez dans le ruisseau, c'est la faute à Rousseau… »*

Le public, curieusement, ne réagit pas mais retient son souffle, tétanisé par la mort imminente de Gavroche. Il s'écroule. Jamais Matthias n'a aussi bien interprété la douleur grimaçante causée par la balle imaginaire qui vient de claquer. Atteint en plein cœur, Gavoche meurt. Gavroche est mort. Et sur le plancher de la scène, Matthias aimerait s'enfoncer sous terre. Disparaître.

Que s'est-il passé ? Sa voix pure a été trahie par des graves d'outre-tombe et des aigus de crécelle. De nouveaux sons planqués en embuscade dans ses cordes vocales. Terrible ce timbre de tambour, cette dégringolade de la voix ! Et puis ces remontées qu'il ne maîtrise pas. Sa voix mue et le trahit ! Sous les regards des producteurs et metteurs en scène les plus connus !

Matthias, toujours allongé sur le sol, voit alors défiler le film de ces derniers mois. C'est vrai, au dernier cours de chant, il n'était pas arrivé au bout de ses vocalises. En anglais, depuis quelque temps, il lui arrive de se reprendre à deux fois pour répondre au prof. Pour cause de voix rocailleuse et bizarrement enrouée. Entre copains, il avait bien remarqué que Jérémie et Yvan prenaient des grosses voix à intervalles plus ou moins réguliers. Mais pas lui ! Pas le chanteur vedette des *Misérables* !

Sa voix cristalline et juste avait été repérée par un chef de chœur du conservatoire où

Matthias apprenait le piano. Mais il préférait fredonner les morceaux plutôt que de les jouer… Il s'était alors lancé avec enthousiasme dans le chant, se découvrant une voix fine et transparente qui ne lui faisait jamais défaut. Dans le bus, dans la rue, sur sa bicyclette comme à table où sa mère le reprenait sans cesse : « Après le repas, mon chéri… »

Changement de décor. Matthias, livide, se lève et sort, des larmes de rage au bord des yeux. Alors que le spectacle continue, il reste accroché au rideau, de peur de croiser un regard sur le chemin des loges. Terrifié à l'idée de tomber sur Daniel.

« Tu sais, le public n'a certainement rien entendu », lui souffle quelqu'un dans l'oreille.

Matthias sursaute. C'est Jeanne, « la Thénardier », comme tout le monde l'appelle ici. La moitié féminine du couple des Thénardier, crapules finies et tenanciers d'auberge, qui exploitent Cosette l'héroïne du spectacle. Mais, sous son apparence de grande gueule à la gouaille directe et décapante, qui colle si bien au rôle, Jeanne cache un cœur de grand-mère guimauve.

« Reste pas là, tu vas gêner les machinistes. Viens dans ma loge. »

*
* *

Daniel avait senti venir le couac. Au cours des dernières répétitions, de légers fléchissements de voix avaient alerté son oreille experte. Il savait qu'il avait pris un risque en donnant le rôle à Matthias, qui avait deux ans de plus que tous les jeunes chanteurs auditionnés. Mais une voix si juste, si claire. À quatorze ans, Matthias savait déjà interpréter. Sa fougue d'enfant un peu trop sûr de lui avait séduit Daniel. Insolent et frimeur, il ferait un Gavroche parfait.

« Bon, ce n'est pas le moment de regretter », se persuade Daniel, mais il se maudit d'avoir convié les producteurs et metteurs en scène ce soir. D'accord, c'est juste un mauvais coup du sort mais Daniel leur avait vanté les talents de son protégé. Il est sûr que Matthias, quelque part dans les coulisses, doit mourir de honte. Daniel s'en veut de ne pas l'avoir préparé à cet échec. Il reste deux mois avant la fin de la saison. Faut-il continuer avec lui ? Faire tout de suite appel à sa doublure ? Et comment lui dire ?

*
* *

Dans l'antre de la Thénardier, Matthias se concentre sur son verre de Coca-Cola pour mieux garder le silence. Il a peur d'entendre à nouveau la voix maudite en ouvrant la bouche. Il n'ose même pas se gratter la gorge et imagine juste que le liquide gazeux la lisse et la purifie de tout son étrange. Le verre vidé, il observe Jeanne. Elle pioche dans les crèmes et les lotions démaquillantes, grimace devant la glace pour mieux tendre sa peau, entasse les cotons dans un cendrier. Par petits mouvements méthodiques et précis, elle reprend peu à peu son visage.

« Alors, tu n'as pas perdu ta voix quand même ? Ça flambe sur les barricades et ça fait le bernard-l'ermite quand ça retrouve l'envers du décor ?

— … Si elle croit que je vais aller pleurer dans ses jupes, rumine Matthias.

— Ta voix change, Matthias, tu le sais très bien. Tu n'y peux rien. Gavroche a dérapé, d'accord, et tu peux être sûr que Daniel l'a remarqué. Mais ta carrière ne fait que commencer. Les producteurs connaissent les aléas des jeunes chanteurs, vous avez tous la voix fragile, les filles comme les garçons. Mais certains voient au-delà quand ils viennent faire leur marché ! En attendant, tu dois t'accrocher jusqu'à l'été. Maintenant, tu sais que cela peut t'arriver sur scène. C'est un mauvais cap à passer, mais on en reparlera dans dix ans, ajoute-t-elle en se tournant vers Matthias, les yeux rieurs… quand tu auras ton nom en gros sur toutes les affiches ! »

Mais, face à son image dans le miroir, visage fermé, Matthias fait le mort.

*
* *

Dans la salle, le spectacle touche à sa fin. La Révolution est matée. Cosette est mariée. Jean Valjean se meurt. Et le public, ému, se tait.

Au troisième rang, quelqu'un fait la moue. C'est Laurent Mourong, producteur dans le vent et fin amateur de comédies musicales. Il est le premier à avoir fait venir de New York les meilleures compagnies américaines, il y a de cela plus de vingt ans! Depuis, entre deux voyages, il tente d'importer cette mode en France et traque les talents en tous genres : danseur, comédien, gymnaste, voire même trapéziste ou jongleur! Avec pour tous en option obligatoire... le chant!

À son côté, imperturbable, se tient François, son conseiller artistique. Un personnage fascinant. Des yeux de braise dans un corps énorme. Une crinière d'ébène toujours en bataille, François promène pourtant ses cent vingt kilos avec l'agilité et la souplesse d'un chat.

Ancien danseur à l'Opéra-Comique, il est aujourd'hui professeur et chorégraphe. Quand il danse, tous ses élèves se taisent. Incroyable de penser qu'un tel corps pouvait bondir et tourner avec tant de légèreté. Mais François est ainsi fait, un mélange de force brute et de grâce. Il insuffle un rythme et une énergie incroyables à ses chorégraphies.

Pendant que les applaudissements crépitent dans la salle conquise par le final, François se penche à l'oreille de Laurent.

« Je sais ce que tu penses, et je ne serais pas si catégorique. Je pense même que tu ferais une erreur.

— Qu'est-ce qui te fais dire ça, grimace le producteur. Nous avons entendu la même chose non ? D'accord, ce Matthias a une voix splendide, juste et incroyablement pure. Mais il n'est absolument plus fiable.

— Tu parles toujours en terme de rentabilité immédiate.

— Et alors ? Rien ne nous dit qu'il aura une aussi belle voix d'homme ! Je ne repêche pas les jeunes talents moi, je suis producteur ! siffle entre ses dents Laurent Mourong.

— Et bien ! justement, tu es producteur de comédie musicale, insiste François, et tu te plains toujours de ne trouver que des chanteurs statiques et raides comme des piquets. Il a une présence incroyable, ce gosse ! Il attire l'œil. Quand il bouge, ce petit bonhomme envahit la scène. Pour la voix, je reconnais que c'est un pari mais pour le reste, confie-le-moi et tu seras ébloui !

Quand François a un coup de cœur, impossible de lui faire changer d'avis ! Laurent Mourong connaît ses élans passionnés et têtus. Il sait aussi que son ami se trompe rarement.

— O. K., bougonne-t-il, je reconnais que tu as un sixième sens pour dénicher des petits bijoux. Je t'accompagne mais ton Gavroche doit être dans tous ses états en ce moment. Je ne sais pas même pas si nous pourrons lui arracher un son !

— Si tu tires cette même tête, ça, c'est sûr, tu vas casser ses rêves au premier regard. Promets-moi de ne pas faire ton tueur ce soir, lui demande François. Son erreur t'a bloqué, tu ne le vois que par sa voix! Arrête de te polariser sur ces dix malheureuses petites secondes, et rappelle-toi aussi le reste. Gavroche a chanté pendant une bonne partie du deuxième acte quand même !

— Ça va, ça va, vas-y », je te suis.

*
* *

Le rideau tombé, la Thénardier a bien cru qu'elle n'arriverait pas à traîner Matthias sur scène pour le salut final. Quand la salle se rallume, Matthias ne peut s'empêcher de sourire et de jouer la vedette sous une pluie d'applaudissements. Toute sa tension s'efface l'espace d'un instant. En redescendant de la scène, il a l'impression que tous les regards sont braqués sur lui… « Ma voix mue, c'est pour ma voix que l'on m'a choisi. Gavroche, c'est fini… »

Prostré derrière l'escalier de bois qui mène aux coulisses, Matthias épie les allées et venues, quand il entend la voix de Daniel :

« Est-ce que quelqu'un a vu Matthias? » lance-t-il à la cantonade.

Il est accompagné par deux personnages qui intriguent Matthias, toujours recroquevillé dans sa cachette. L'un, une cinquantaine d'années peut-être, très distingué dans son costume vert sapin et sa chemise noire, se distingue par un profil aussi effilé qu'une lame de couteau. De face, son nez et ses yeux bleu clair transpercent tout. Sa silhouette sévère est neutralisée par la rondeur et la chaleur qui se dégage de son acolyte. Une tignasse brune gigantesque sur un corps énorme, le tout animé par des yeux rieurs et un brin perfide. « Le gros qui rigole a plutôt l'air sympa, pense Matthias, mais qu'est-ce qu'ils me veulent ? »

Pas question pour Matthias de sortir de son trou, d'affronter les critiques et les remarques blessantes de Daniel et ses visiteurs. Pas maintenant. L'échec lui noue la gorge, la honte le paralyse.

« C'est pas grave, dit François à Daniel, donne-lui simplement mon numéro de téléphone. S'il veut m'appeler… »

Les escaliers craquent au-dessus de la tête de Matthias, le bruit des pas s'éloigne.

Dans le couloir, la Thénardier se précipite alors vers l'escalier et tire Matthias de sa cachette.

« Idiot ! Un producteur et son conseiller artistique se déplacent à deux pour venir te voir, et tu joues à cache-cache avec eux ! lui chuchote-t-elle sa main serrant le bras de Matthias à lui faire mal. Avec François, celui qui a laissé son numéro, tu ne pouvais pas mieux tomber, rattrape-les ! C'est la chance de ta vie ! »

*
* *

Au moment de monter dans le taxi, François est rattrapé à la manche par une petite main ferme.

« Y paraît que vous me cherchez, monsieur ?

— Ah, tu tombes bien, Matthias, on allait justement parler de toi. Tu fais le trajet avec nous ? Je te raccompagnerai ensuite », répond François du tac au tac.

Difficile de rester longtemps sur sa défensive quand la radio diffuse un bon air de jazz. Laurent Mourong ne supporte pas d'autre musique en voiture, et Matthias réagit malgré lui à la moindre note de musique. À l'aise sur la banquette arrière du taxi, détendu par ce cocon musical, il se laisse apprivoiser par la voix de François et raconte sa vie. Ou plutôt celle de ceux qui l'entourent. Un grand-père passionné de trompe de chasse, un frère qui rappe sur ordinateur, une grande sœur qui hésite entre les claquettes et la danse africaine, un père qui inonde sa maison de musique d'opéra ou de Johnny

Halliday. Matthias ne veut pas parler de lui mais il craint les silences, aussi se raccroche-t-il à sa famille et parle, parle, parle d'eux tous. De son cousin avec qui il voudrait monter un groupe de rock, de sa mère, qui vient de se mettre à l'accordéon. C'est elle d'ailleurs, qui ne rate jamais une occasion pour partir à Londres voir en famille une nouvelle comédie musicale.

« Il nous dévoile son secret, se dit François, une famille imprégnée de musique. Il vit dans une maison pleine de rythmes et de mélodies. La musique, c'est plus fort qu'eux. »

Le danseur et le producteur savent bien que l'environnement musical conditionne souvent la motivation d'un chanteur. François sent qu'il peut gagner son pari…

« Un père assez frappa-dingue pour se raser sur *La Traviata* le matin et emmener le soir même ses enfants au dernier concert de Johnny, c'est pas mon truc, songe de son côté Laurent Mourong. Mais une chose est sûre, ce gamin, il a la musique dans la peau. Pas question de le laisser filer. »

En sortant du taxi, François et Laurent se mettent d'accord d'un simple regard.

Le producteur s'adresse alors pour la première fois à Matthias :

« J'aimerais que tu viennes nous voir à Paris. François et moi, nous travaillons sur plusieurs projets pour les années qui viennent… Arsène Lupin, Mermoz, l'aventure de l'aéropostale, une histoire de footballeur, Ricardo ou Ronaldo, quelque chose comme ça… Bref, je suis sûr qu'il y a quelque chose pour toi là-dedans. C'est d'accord ?

— D'accord », répond Matthias d'une voix assurée, le regardant droit dans les yeux.

Il n'en revient pas : un trajet en taxi, et il s'imagine déjà star d'une nouvelle comédie musicale. Un jeune Ronaldo, buteur-chanteur de rock ?! Pourquoi pas !

Sur le seuil de son hôtel Matthias réalise qu'il a gardé son costume de Gavroche et éclate de rire.

*
* *

Matthias a cinq ans de plus quand il frappe de nouveau à la loge de la Thénardier. Une autre loge, dans un autre théâtre, une autre pièce. Jeune star montante de la comédie musicale, en partance pour sa première tournée à l'étranger, Matthias a troqué son costume de Gavroche pour un jean et un sweat orange.

Jeanne est en train de souffler sur un café trop chaud.

« Alors, mon héros, on n'oublie pas les vieux ? lance-t-elle, émue.

— Ça dépend lesquels ! Tout ce qui m'arrive, c'est un peu à cause de toi, non ? répond Matthias, dans un rire. Dis, tu en connais, toi des chansons que je pourrais chanter à une fille qui m'aime un peu, je crois, et qui me plaît pas mal…

— Bien sûr, bourreau des cœurs, que j'en connais, rétorque Jeanne, l'œil malicieux un peu humide. J'en connais des magnifiques des chansons d'amour. Mais à chanter seulement avec une belle voix d'homme. »

Les mains dans les poches, la regardant dans le miroir, Matthias sourit. Rêveur…

7

Cité vinyle

Julien Ezanno

Samuel n'avait qu'une console de jeu. La deuxième manette servait généralement à Capucine, sa petite amie. Dans le canapé mou sur lequel ils s'affalaient longuement et se blottissaient l'un contre l'autre, ils se murmuraient des mots d'amour. Samuel, intérieurement dévoré par son envie d'embrasser Capucine, se concentrait sur le jeu. Elle l'avait longtemps fasciné, au collège, parce qu'elle se maintenait discrètement à la tête de classe, obtenant les meilleures notes dans toutes les matières. Ses cheveux roux, dressés sur la tête, en épis, scintillaient comme des fils de cuivre. Ses grands iris kaléidoscopiques eux aussi émettaient une sorte de rayonnement fantastique, bleu saphir, vif, comme son esprit. Elle était meilleure que lui au jeu. Comme elle avait été recrutée par le groupe des « Athlètes Virtuels », elle gagnait un peu d'argent dans des compétitions.

Ce soir-là, les fenêtres vibraient à cause de la tempête. Le vent couvrait les bruits de la ville. La sonnerie de la porte d'entrée retentit. Sur le paillasson, trempés, Le Héron, Papa Schultz, et Miss Vittel riaient de leur malheur en chantant. L'ascenseur vétuste de l'immeuble puait l'urine, celle des nombreux chiens qui avaient aussi mal vieilli que leurs maîtres. Pour ces jeunes à l'odorat délicat malgré la pollution, et habitués aux douceurs du chocolat et du vinyle, c'était trop. Ils entrèrent. Miss Vittel déposa son sac, et en sortit un petit disque compact aux reflets bleu métallisé. Capucine les avait rejoints. Ce morceau, ils l'avaient attendu suffisamment longtemps. Presque religieusement, ils se rendirent dans la chambre de Samuel, où trônait, majestueusement, un ensemble de haute-fidélité. Le lourd plateau du lecteur sortit lentement de son refuge massif et engouffra la rondelle de plastique. On eut dit un ogre. L'ampli avait suffisamment chauffé. Tout était prêt.

Lecture.

De l'eau, des gouttes sonores aussi dépaysantes qu'un voyage au cœur du désert, mais rien qui ressemblait à un écoulement naturel. Tous étaient figés devant les enceintes. L'image mouvante était nette. L'esprit de la musique reliait les âmes des jeunes mélomanes. Le Héron avait cédé du terrain. Il n'écoutait pas d'ambiante[1] et s'ennuyait dans les espaces de détente des fêtes techno, qu'on appelait chill-out[2]. Le culte de la bonne humeur animait son discours : il fallait « faire

1. Ambiante : c'est la branche de la techno la plus douce, essentiellement constituée de rythmes lents.

2. Chill-out : espace de détente prévu dans les raves où l'on diffuse de l'ambiante.

la fête », danser, s'amuser. Le Garage[1] était donc son courant de prédilection. Dans sa bouche, revenaient inlassablement les termes de « groove », « relâchement », et d'autres encore... Pourtant, ce morceau l'avait convaincu. Un sentiment de paix s'en dégageait. Les nouvelles générations de synthétiseurs permettaient de créer des sons plus riches, qui éveillaient davantage l'imagination. On « voyait » la musique.

*

* *

Pendant ce temps, en bas de l'immeuble, les jeunes du quartier se retrouvèrent. Les bandes se reconstituèrent et discutèrent. Les colères qu'on entretenait contre le lycée, les rendez-vous à l'association sportive, et la musique, étaient les thèmes de prédilection. Rezo fit son apparition. Lui, son bac, il

1. Garage : variante de la *house*, elle-même sous-catégorie de la techno. Le garage s'inspire beaucoup de la musique soul américaine.

l'avait passé en 1981. Aux yeux de tous, il était un animateur généreux et respecté. Quand il sentit qu'ils étaient prêts à l'entendre, il prit la parole :

« La rave des Bébé Confiote a été déplacée. Ils la feront à Zone Nord, finalement. Ils m'ont passé quelques *flyers*, si ça vous dit. J'y serai. Ils ont prévu plusieurs spectacles de danse, avec des déguisements incroyables. C'est moi qui me suis occupé de la décoration. »

Kal, le basketteur géant, interrompit Rezo.

« Qu'est-ce qu'ils ont comme DJ ? Si c'est trop hardcore, j'irai à la soirée rap de Sébastien.

— Avec eux, c'est plutôt transe. Ils ont prévu un endroit très original pour le chill-out. »

Parmi les adolescents qui étaient réunis autour de Rezo, il y avait Nasser et Gilda. Elle s'adressa à Rezo.

« Les mecs. Ils n'acceptent pas les mineurs, dans ces fêtes. J'aimerais bien y aller, mais comment faire ? Moi et Nasser, on nous a déjà jetés comme des malpropres à l'entrée d'une rave, sous l'autoroute. »

Elle semblait triste.

« Halte à la morosité. Rezo est là. Et ce coup-ci, il y a bien un moyen. Je vais vous aider. »

Les physionomistes, ces sélectionneurs mondains, au regard impitoyable, qui filtraient aux entrées des soirées, étaient les bêtes noires des adolescents de la cité. Avant dix-huit ans, on n'entrait pas. C'était la loi. Les misères administratives et policières dont les organisateurs de rave étaient victimes les avaient conduits à radicaliser leur attitude au moment du filtrage. Les frontières entre les générations : il y avait des fois… Alors, ce signe positif envoyé par leur copain ancien mobilisa toute leur attention. Honnêtement, seize, dix-sept, ou dix-huit… Quelle différence ?! Les visages trahissent les âges, à quelques années près. On n'allait quand même pas fabriquer des faux papiers pour une soirée !

« Il y a bien un passage par les catacombes, un truc un peu casse-gueule, si ça ne vous fait pas trop peur… »

Rezo espérait que la provocation les ferait réagir.

« Tu nous prends pour des truffes, mec.

On y est déjà allé dans les catacombes. »

Le mètre quatre-vingt-quinze de Kal commençait à s'agiter. Il sortit une barre de céréales de sa poche et entreprit de la mâcher.

Ils en profiteraient pour faire un concert souterrain avec leurs instrubulles. C'était encore Rezo qui avait imaginé qu'on changerait la musique par les instruments. Il avait inventé des casques musicaux, en forme de heaumes en verre incassable. Un principe de circulation de l'air permettait au musicien de respirer et de jouer sans aucune gêne. En obstruant les différents tubes, on modifiait les notes, et la voix produisait autant de sons que le souffle. Le chant tordu, comme venu de l'au-delà, semblait totalement synthétique. Chaque joueur était alternativement musicien et choriste, ou chanteur. La disposition des corps était importante pour l'harmonie du groupe et de ses créations, ça avait été une idée géniale pour calmer les esprits, et créer un groupe élargi d'âmes paisibles. Samuel, qui avait toujours préféré se tenir à l'écart des adolescents de la cité, s'était joint volontiers au groupe de musiciens. On n'avait pas à étudier le solfège, rien de scolaire, mais plutôt l'envie d'un défoulement sain. La conception des instrubulles convenait à tout le monde : des conduits plus ou moins nombreux, orientés vers l'avant, et de formes et largeurs différentes. La fragilité du verre avait été compensée par un blindage au cœur même de la matière.

Grâce à leurs instrubulles, le groupe n'était pas tenté par la délinquance, parce qu'ils s'ennuyaient, qu'ils voulaient « exister ». La techno, ils se contentaient de l'écouter. Avec leur petit orchestre hors du commun, ils faisaient de la musique. La perspective de dépasser les techniques électroniques avec la voix et le verre était passionnante.

Les Hackers, c'était le nom que Samuel et ses amis avaient pris pour désigner leur tribu, les avaient rejoints. En tant qu'aînés, ils avaient la responsabilité du groupe. Rezo était un mentor, pas un chef. Miss Vittel, en revanche, avait l'autorité nécessaire pour mettre de l'ordre dans le groupe. Capucine et Samuel se souriaient avec un air entendu, comme s'ils étaient habitués à ces expériences, rompus aux techniques de l'infiltration, ou plutôt de l'incruste…

« Tout le monde m'entend ? O.K. ! Rezo connaît un chemin souterrain, dans les catacombes, pour rejoindre le lieu de la rave, pour éviter le filtrage des physios. Prenez vos bulles. Il y a une halte possible dans une carrière où nous pourrons jouer aussi fort que nous le voulons. »

*

* *

Il était dix heures du soir. Dans le hall du bâtiment D2, celui qu'on appelait Harmonie, les plus jeunes s'étaient regroupés pour attendre leurs guides. Ils avaient des vêtements propres dans leurs sacs, et s'étaient habillés pour affronter les désagréments boueux des grottes.

« T'es sûr qu'on risque rien ? s'inquiéta Gilda. On arrive quand ? C'est pas les catacombes, ça !

— Tiens, regarde, ma grande, voilà notre passage. » Rezo s'arrêta. Il chuchotait. « Approchez-vous. Ne craignez rien. Des centaines de personnes passent par là tous les jours, et il n'est jamais rien arrivé de grave.

Alors, on y va tranquillement. Il y a encore une demi-heure de marche jusqu'au lieu de la rave. On y croit. »

De temps en temps, on en entendait un qui glissait et jurait. Il y avait la douleur aux fesses, la crainte du ridicule, et le dégoût pour la saleté... Les murs suintants formaient un étroit couloir, forçant le groupe à avancer en file indienne. Ils n'avaient pas imaginé que ces passages seraient aussi sombres. Il était hors de question de se perdre de vue. Pour évacuer leur inquiétude, certains se parlaient tout bas. La solidité des galeries avait été mise à l'épreuve du temps, ce qui devait rassurer les claustrophobes. Les pierres couvertes de graffitis étaient chargées d'histoire, mais les vandales désœuvrés qui écumaient ces sublimes labyrinthes n'en avaient pas pour autant de respect. La beauté des œuvres n'était pas en cause, non, mais leur support, quand même, ils pouvaient bien faire ça ailleurs...

Le groupe déboucha bientôt dans une série de galeries plus vastes, dont les parois étaient constituées d'une étrange collection.

Des milliers de crânes entassés sur des sortes d'étagères… Cet inquiétant spectacle avait hélas inspiré de sinistres visiteurs, dont les traces macabres étaient constituées de croix gammées et de louanges à Satan. Ces signes détestables restaient là, ne suscitant aucune réaction de la ville, qui avait d'autres problèmes, en surface.

« Pourvu qu'on ne croise pas ces ouf! s'exclama Jamel. À la cité, ils n'osent pas trop la ramener, mais ici, c'est plus chaud. »

Rezo rassura ses potes :

« Ces débiles ne sont pas tous agressifs. Certains passent à l'acte, c'est vrai, mais la majorité de ces crétins se contente de fantasmer. À une époque, on me reprochait d'écouter de la techno, parce que c'était soi-disant une musique de fascistes ! J'en ai entendu là-dessus. Comme si on devenait un salaud parce qu'un salaud écoute la même musique que soi ! »

Les propos résonnaient, créant un peu d'échos.

« Et si on sortait les bulles maintenant ? lança Miss Vittel.

— C'est encore trop risqué. Allons un peu plus loin. »

Rezo remit son monde en route.

Les ossuaires furent dépassés quand un vacarme sourd parvint jusqu'à leurs oreilles. C'était de la musique. À cette distance, ça ne pouvait pas déjà être la rave. La curiosité l'emporta sur la peur. Comme le son se précisait, guidé par l'acoustique souterraine, qui limitait la dispersion des ondes, le mystère s'éclaircit. C'était bien de la transe, mais une transe qui flirtait avec le hardcore. Le groupe s'enthousiasma.

Bientôt, ils aperçurent les lueurs de ce qui devait être l'éclairage de cette fête clandestine. Des stroboscopes puissants étaient couplés à des projecteurs multicolores qui tournaient en tous sens. L'envie de se mêler à ces nomades *underground* saisit les nouveaux venus. Quand ils furent arrivés dans la cave géante où s'étaient réunis les raveurs sauvages, ils s'arrêtèrent un instant pour contempler ce spectacle ahurissant. Il y avait là une petite centaine de personnes qui dansaient, s'agitaient, le sourire aux lèvres. On sentait que la musique les transportait. D'ailleurs, dans le groupe, certains suivaient déjà le rythme, prêts à rejoindre les inconnus. Ce n'était pas la rave initialement prévue, mais celle-là valait bien plus que toute autre.

« On va leur parler ? s'enquerra Gilda.

— Je crois que je connais ces types, dit Rezo. Il y a six ou sept ans, un fanzine avait publié un reportage sur les "Nomades de la techno". Un groupe qui organise des raves dans des endroits insolites partout dans le monde. »

Rezo rejoignit les platines, derrière lesquelles un DJ hystérique s'agitait, et commença à discuter avec les organisateurs. Quand ils se mirent à rire ensemble, on comprit qu'ils se connaissaient effectivement. Le monde était petit. Il fit alors signe à sa bande de le rejoindre. L'intensité des décibels dépassait de loin la norme autorisée, et l'avantage des catacombes était qu'on y faisait autant de bruit qu'on voulait sans gêner personne. Ceux qui craignaient d'y perdre l'ouïe pouvaient toujours enfiler leur instrubulle…

« Nous sommes les bienvenus, les amis. La Makina, qui organise cette fête, est un vieux copain. Ça vous dit de rester ?

— Plutôt deux fois qu'une », dit Samuel, enthousiasmé par l'étrangeté de cette aventure inattendue.

Capucine aussi semblait heureuse de la tournure que prenaient les événements. Elle regardait La Makina avec une certaine fascination. Elle avait seize ans, lui trente. Alors que les autres dansaient comme des fous, sautant dans tous les sens, elle voulut discuter avec ce personnage tellement attirant.

« Je m'appelle Ariel. Et toi ?

— Capucine. Elle hurlait pour se faire entendre.

— C'est ta première rave ?

— Oui, et je ne suis pas près de l'oublier. Tu fais ça depuis longtemps ?

— J'ai commencé à La Défense, vers 1988. On organisait des raves sauvages dans les parkings. Les sous-sols, c'est des bons plans pour éviter les embrouilles avec les flics. À l'époque, les raves n'avaient pas encore la mauvaise image de marque qu'on leur a collée sur le dos depuis, à cause des trafics de drogue. Les ecstasys, personne n'en prenait.

— Notre drogue à nous, c'est la musique

et les jeux vidéo. Les loubards qui essaient de nous vendre leur came, nous ne les dénonçons pas, mais nous leur faisons comprendre qu'ils ont intérêt à nous foutre la paix. »

Samuel était hilare, comme enivré par la musique, qui semblait plaire à tout le monde, sauf au Héron, qui préférait discuter avec Rezo. Schultz riait en regardant Vittel danser. Jamel et Kal, vite emportés par le rythme envoûtant de la transe, imitaient les autres et bondissaient joyeusement. João, Nasser, et Gilda, les benjamins de l'expédition souterraine, émerveillés par le spectacle, dansaient eux aussi avec un entrain hors du commun.

Capucine, qui avait parlé des instrubulles à La Makina, lui montra le sien. Il fut fasciné par l'originalité de l'instrument. Une idée lui traversa l'esprit. Comme dans certaines raves à thème tribal, lorsque des percussionnistes accompagnaient la musique avec des djembés, on pouvait mélanger les sons des bulles avec ceux de la transe. La Makina connaissait bien les didjeridoos, parce qu'il avait invité des Aborigènes australiens à une rave tribale. Ce coup-ci, une ambiance futuriste allait envahir les catacombes, témoin du passé et hôte de l'avenir. On installa des micros, et les jeunes musiciens prirent chacun leur place.

Commença alors une symphonie électroacoustique d'une richesse incroyable, mêlant les boîtes à rythme, qui vrombissaient dans les graves, au chant onirique d'oiseaux imaginaires, sortis des œufs de verre qu'étaient les instrubulles. Pour Samuel, c'était comme un rêve. Il regardait ses amis, transformés en cosmonautes musiciens, scintillants grâce aux éclairages, et il désirait que ce moment ne s'interrompît jamais. Capucine prit la main de son petit ami, pour qui elle éprouva un petit surcroît d'affection, et ils restèrent là, dans une harmonie hors du temps, tant que la musique durerait.

8

Hilda et Oscar

Yann Mens

Ne me demandez pas mon âge. J'ai été fabriquée il y a bien trop longtemps pour l'avouer devant des gamins comme vous. Ce que je peux vous révéler, c'est l'endroit. Je suis née tout au nord de l'Italie, à quelques kilomètres de l'Autriche. D'ailleurs au village, tout le monde parlait allemand, bien plus souvent qu'italien. Mais au fait, vous ai-je dit que je suis une contrebasse ? Mon père était luthier. Petit et modeste, mais fort réputé. Les musiciens venaient de loin pour acheter ses instruments. Cet homme-là savait choisir les plus beaux morceaux de bois. Il les caressait toujours un peu avant de les découper. Il détestait gaspiller. Peut-être même était-il un peu avare. Qu'importe, c'était mon père, et je n'ai pas connu de meilleur luthier, bien qu'au cours de ma longue vie, j'aie été réparée plus d'une fois.

J'étais une contrebasse de taille respectable et, comme je l'ai dit, d'excellente famille. J'avais tout pour plaire, et je plus très tôt. Je me souviens de l'apparition de mon premier propriétaire comme si c'était hier. C'était un blondinet souffreteux qui entra dans la boutique après avoir longtemps hésité. Ce garçon venait de réussir le concours d'une prestigieuse école de musique et voulait acheter une contrebasse digne de son nouveau statut. Ce n'est pas moi qu'il regarda la première, mais l'une de mes sœurs plus claire de bois. Le genre châtain clair, si vous voyez ce que je veux dire, tandis que moi, je suis une vraie brune. En tout cas, le blondinet semblait fort intéressé et dans mon coin, je les trouvais plutôt bien assortis tous les deux. Mais au moment où le jeune homme caressa les cordes de ma sœur avec un archet, son front se plissa. Il avait l'air déçu.

« Pas assez puissant, dit-il à mon père. Le son est bien rond, mais je voudrais quelque chose qui résonne plus. » C'est alors qu'ils me regardèrent. « Et celle-là ? » demanda le jeune homme.

« Hilda ? » répondit mon père.

Ah oui, je ne vous ai pas dit. Mon luthier donnait un prénom à toutes ses contrebasses. Moi, j'étais Hilda. Ma sœur, la châtain clair, c'était Francesca. Il y avait aussi Frida, Eva, Paola, Bianca et ainsi de suite, toujours en « a ».

« Hilda est puissante, reprit mon père. C'est un instrument de soliste. Au besoin, elle peut dominer l'orchestre. Je l'ai faite pour ça. C'est une forte femme. »

Le blondinet me caressa longuement les flancs, me pinça les cordes du bout des doigts, puis les frotta de l'archet. Ma foi, ce n'était pas désagréable. Au fond, il avait du charme, ce garçon. L'affaire fut vite conclue.

Mon père me dit au revoir, empocha le prix de son travail, et le petit jeune homme m'enleva. Ou plutôt il me porta, car le charmeur était fluet pour une forte créature comme moi, et il lui fallut un bon moment pour me sortir de la boutique.

Je suivis les cours de l'école supérieure de musique avec mon instrumentiste. Il faut bien le dire, ce n'était pas un élève de génie. Il avait des ambitions, mais peu de sensibilité. Un honnête tâcheron, sans plus. Le pauvre était affligé d'une mère insupportable qui le houspillait à toute heure, et aussi d'une étrange maladie qui le plongeait des semaines entières sous les couvertures. Tout ça ne faisait pas progresser ses études. Et je bouillais sous mes cordes. J'étais jeune, je voulais des notes rapides, des doubles croches bien frétillantes. Mon étudiant besogneux répéta pendant de longs mois un concerto pour contrebasse. C'est rare, les pièces pour contrebasse solo et orchestre. Son professeur l'encourageait, mais moi je voyais bien que certains jours, il avait envie de secouer le blondinet pour le réveiller un peu. À force de répéter le concerto, je le connaissais par cœur. J'aurais pu lui souffler les notes. C'était beau, bien sûr… Mais ça manquait terriblement de punch pour une fringante Hilda.

Pour comble de déveine, une semaine avant le concert, mon soliste tomba malade à nouveau. Cette fois, les médecins prirent la mère à part et lui expliquèrent qu'il fallait expédier son fils dans un sanatorium à la montagne. Le blondinet ne me dit même pas au revoir, mais je ne lui en veux pas. En revanche, la marâtre se souvint très vite de mon existence. Et de mon prix. Sans hésiter, l'ignoble créature alla me revendre à un marchand de la ville. Ce type était spécialisé en instruments à vent. Les trompettes, les trombones, les saxophones, tout ça il connaissait. Mais à la subtilité des cordes, il n'entendait rien. Il me relégua dans un coin sombre de son échoppe et j'attendis. J'attendis. J'attendis de longs mois. Je n'y croyais plus, je me voyais mourir en pleine jeunesse dans cet endroit vulgaire lorsqu'un énorme Autrichien m'acheta pour une bouchée de pain et après m'avoir à peine essayée. Je ne m'étendrai pas longtemps sur les dix années horribles que j'ai passées entre les paluches de cet homme. Les plus belles années de la vie d'une contrebasse, il les a gâchées dans des mélodies basses, sans âme, dignes d'une brasserie bavaroise. Moi, la belle Hilda, je « chantais » à la gloire de la choucroute, des saucisses et de la bière au litre. Rien que d'y penser, j'ai la chair de corde… C'était dégradant. Si encore ce sagouin avait connu Mozart et Schubert, deux de ses merveilleux compatriotes… Mais non! Ce personnage préférait se vautrer dans les flonflons et les zim-boum-boum de sa brasserie. Tous les soirs les mêmes rengaines, les mêmes chansons d'ivrogne, les mêmes notes pesantes sur mon manche délicat…

Mais je n'étais pas au bout de mon calvaire. Car la guerre arriva, et mon Autrichien fût enrôlé dans un orchestre militaire. Enfer et putréfaction, j'avais touché le fond! Voilà qu'après la choucroute, je vantais les « charmes » de la mitraillette et du canon. Sept ans, m'entendez-vous, ce calvaire militaire dura sept ans. J'en avais ras l'archet de leurs hymnes métalliques et de leurs bals sordides. Je voulais de la légèreté, de la grâce, de la poésie. J'étais une Hilda au bord du désespoir. Heureusement pour tout le monde, la guerre prit fin après bien des drames.

Mon Autrichien avait faim. Il décida de changer de métier et de devenir épicier. Il me céda pour une bouchée de pain au propriétaire d'un bazar de Berlin. Et me voilà, contrebasse dans la force de l'âge, au milieu des casseroles, des balais, des outils de jardin et des séchoirs à linge. Si mon pauvre père m'avait vue...

Un soir, alors que je somnolais derrière un tas de couvertures, une main pinça mes cordes et poussa un sifflement admiratif. Quelle ne fut ma surprise de voir un grand type tout noir. Je ne suis pas le moins du monde raciste, mais c'était la première fois que j'étais touchée par un homme de couleur. Il me prit délicatement, essuya soigneusement la poussière qui me recouvrait, m'accorda et commença à jouer. Il n'avait pas une façon très classique de s'y prendre, et surtout je n'avais jamais entendu pareille musique. C'était rapide, très rapide, sautillant, mais un peu difficile à suivre pour une femme comme moi élevée dans la tradition classique. En tout cas, ça me changeait des flonflons de l'Autrichien. Physiquement aussi, ça me changeait. Celui-ci était aussi foncé que l'autre était pâle. Et surtout, il avait des mains superbes, avec des doigts longs et fins très satisfaisants pour une contrebasse. Le propriétaire empocha une poignée de dollars, trop content de faire de la place pour une nouvelle pile de casseroles.

Mon nouveau contrebassiste m'entraîna vers un théâtre et, avant d'entrer, j'eus le temps d'apercevoir une affiche *« Ce soir, jazz »*. C'était donc ça. Ce garçon était jazzman. J'avais entendu parler de cette musique venue des États-Unis d'Amérique, mais je n'y connaissais rien. Saurais-je tenir mon rang dans ce nouveau monde? Ça ne pouvait pas être pire que les symphonies pour choucroute. Nous descendîmes quelques marches. C'était une petite salle, mal éclairée. Sur la scène, une batterie était déjà installée, et un beau brun aux cheveux courts essayait ses baguettes sur les peaux. Dieu, que cet homme était habile et ses mains légères! Le pianiste et le trompettiste saluèrent mon contrebassiste avec force exclamations. À part le batteur et moi, tout le monde était noir.

Il me fallut quelques morceaux pour comprendre le principe de l'affaire. Ils prenaient une chanson, jouaient le thème ensemble, puis chaque musicien improvisait un solo à partir de la chanson, et ils rejouaient le thème ensemble pour finir. Hélas, le beau batteur n'avait pas le droit à un solo à chaque fois. J'étais tout de même un peu intimidée. Dans la musique que j'avais interprétée jusque-là, les instrumentistes suivaient une partition écrite. Toutes les notes étaient choisies d'avance par le compositeur. Ici, au contraire, à part le thème, tout était créé dans l'instant. C'était risqué, mais très excitant !

Mon contrebassiste se prénommait Oscar. Hilda et Oscar, ça sonnait plutôt bien, non ? Ils avaient la bougeotte, les jazzmen. Berlin, Amsterdam, Bruxelles, Londres, Paris… Ils m'ont fait visiter l'Europe. Et pourtant, promener une contrebasse dans les couloirs étroits d'un train bondé, ce n'est vraiment pas une partie de plaisir, croyez-moi. Un jour, le quartet se réunit dans la chambre d'hôtel d'Oscar. On discuta ferme. Le contrebassiste voulait rentrer aux États-Unis.

Les autres préféraient les charmes de la vieille Europe. Et de ses jeunes filles, je crois. Le groupe décida de se séparer. Oscar prit tout de suite des billets pour New York. J'étais très nerveuse, je n'avais jamais pris l'avion. Tout se passa plutôt bien, sauf quelques trous d'air au-dessus des Açores qui faillirent faire sauter une de mes cordes.

L'Amérique pour une Italienne comme moi c'était le rêve, les grands espaces, les chevauchées sans fin. Mais Oscar était un rat des villes. En fait de grands espace, je vis surtout des avenues, des gratte-ciel. Et essentiellement la nuit. Car nous hantions tous les clubs de jazz de New York. Ce n'était pas une atmosphère très saine pour une dame délicate comme moi. J'ai toujours eu du mal à supporter les cigarettes, et ces messieurs semblaient incapables de jouer sans un halo de fumée. Oscar courait d'une boîte à l'autre. Dès que la rumeur lui apportait le nom d'un nouveau musicien, il se précipitait. Quelquefois, il était déçu. Parfois, au contraire, nous ne décollions plus du club pendant un mois. Toujours assis au premier rang avec sa contrebasse, il finissait par attirer l'attention des musiciens et souvent, ils l'invitaient à monter sur scène. Il passait ensuite des heures dans son minuscule appartement à rejouer sur mes cordes ce qu'il avait noté sur un petit carnet rouge pendant les concerts. Oscar ne m'a jamais maltraitée. Mais il ne me ménageait pas non plus. Entre ses bras, j'avais confiance. Il pouvait rythmer des tempos d'enfer, je ne craignais rien. J'avais l'impression que les notes galopaient sur mon dos. Faute de mieux, c'étaient mes cavalcades américaines... Mais Oscar se lassait très vite de ses compagnons de club. Il voulait entendre tout ce qui s'inventait de nouveau, où que ce soit. Il rapportait à la maison des disques bizarres qu'il repassait mille fois. Il jouait avec toutes sortes de groupes. Des quartets sans piano, des sextets sans batterie, des orchestres gigantesques de trente ou quarante musiciens qui faisaient un boucan de tous les diables... Pendant quelques mois, nous traversâmes une période afro-cubaine. Ah! ça, c'était quelque chose... Il y avait des percussions que je n'avais jamais vues de ma vie, des danseurs habillés de façon excentrique, des femmes à la peau dorée et à l'accent chantant. Tout mon corps frétillait et pourtant je n'étais plus une gamine! Après ça, mon Oscar se calma. Ce fut une période duo. Je jouai successivement avec une clarinette basse très sympathique qui avait une belle voix un peu gouailleuse, avec un cor anglais, une flûte traversière, un trombone à pistons un peu snob… J'aimais bien le duo, mais c'était beaucoup de boulot et de concentration. Oscar me triturait de plus en plus. Puis il s'éloigna quelque temps du jazz pour se jeter à corps perdu dans l'étude de la musique française. Il passait ses journées penché sur des partitions de Debussy, de Fauré, de Ravel. C'est alors qu'il me fut un peu infidèle. Il acheta un violoncelle. Je n'avais rien contre cette créature, mais je riais de voir le grand Oscar penché sur la petite chose fragile. Il en tira quelques belles compositions qui ne ressemblaient à rien de connu, mais qui ne parurent pas le satisfaire pour autant. J'avais compris qu'Oscar poursuivait une chimère. Une belle chimère, mais une chimère tout de même. Mon jazzman cherchait la musique parfaite. Pas moins.

Jusque-là, nous avions vécu sans trop de soucis. Pour gagner sa vie, Oscar jouait dans des clubs qui payaient mal, mais assez pour nourrir sa grande carcasse et payer le loyer. De temps en temps, des amis l'appelaient pour participer à l'enregistrement d'un disque. Certes, Oscar n'était pas très connu du grand public, mais il était apprécié par les autres musiciens et c'est ce qui comptait à ses yeux. J'étais fière de lui et un peu de moi. À cette époque, j'apparus sur plusieurs pochettes de disques. Hilda, la contrebasse immigrée, devenait une vedette du show-business américain !

Malheureusement, les goûts du public changèrent. Le rock'n roll détrôna le jazz. Oscar n'aimait pas ça. Il refusait d'en jouer. Il poursuivait ses recherches. Sa musique était de plus de plus sérieuse, grave, torturée même. Je la jouais sous ses doigts, mais elle me déroutait. Elle manquait d'insouciance et de légèreté. D'ailleurs, Oscar aussi avait perdu sa joie de vivre. Il avait de plus en plus de mal à boucler ses fins de mois. Ses partitions restaient inachevées. Il sortait souvent sans moi et rentrait à l'aube en titubant. Je savais bien qu'il buvait trop, que l'alcool le rendait agressif, lui enlevait toute inspiration. Mais je me sentais désarmée. Que faire quand on est une contrebasse ? Je le voyais décliner. Pendant les rares concerts où il jouait encore, ses solos devenaient de plus en plus durs, tristes, lugubres même. Il souffrait par toutes les notes.

De galère en déprime, nous nous retrouvâmes sans le sou. Le propriétaire de l'appartement menaça de nous jeter à la rue, car Oscar lui devait six mois de loyer. Alors, mon jazzman remballa sa fierté et accepta une proposition de travail pas très engageante. Il s'agissait de partir en tournée avec un chanteur de charme, un de ces roucouleurs gominés qui font se pâmer les dames plus très jeunes. Il n'était pas bien méchant, ce garçon, mais Dieu qu'il chantait mal et que ses textes étaient niais ! Hélas, le monde compte une quantité incroyable de vieilles femmes romantiques. La tournée s'éternisa. Oscar roupillait franchement sur son archet. Il s'ennuyait, et moi aussi. Je ne supportais plus le répertoire mielleux de notre Roméo du troisième âge. J'avais l'impression que mes cordes étaient engluées dans la guimauve. Un matin, le chanteur sucré nous annonça que notre prochaine étape serait le Brésil. Ce voyage-là, ce fut la chance d'Oscar.

À Salvador de Bahia, après un énième concert triomphal, Oscar m'emmena dans un club de jazz brésilien que le portier de l'hôtel lui avait recommandé presque en secret. La scène minuscule était complètement occupée par un piano. Lorsque les lumières s'éteignirent, un petit bout de femme pas plus haut qu'un violoncelle, avec de longs cheveux noués par un foulard, s'assit derrière le clavier. Au bout de quelques mesures, Oscar la regardait comme s'il voulait la dévorer des oreilles. Nous n'avions jamais entendu une musique pareille. C'était intelligent et beau, nostalgique et gai, ça donnait envie de rêver et de danser en même temps. Les doigts d'Oscar tapotaient la table, ses lèvres sifflaient tout bas la mélodie. Il finit par ressortir le petit carnet rouge que je n'avais pas vu depuis des mois. À l'entracte, il se faufila dans les coulisses et revint l'air tout chose. À la fin du concert, les spectateurs quittèrent la salle, mais pas nous. Oscar me hissa sur la toute petite scène et la toute petite pianiste revint. Le club était vide, seul le barman finissait de ranger les tables. Alors Maria, la pianiste, sortit des partitions. Oscar les étudia longuement, les compara avec les notes du carnet rouge, puis ils se mirent à jouer. Mon contrebassiste avait un peu de mal avec les compositions de la dame brune, mais il accrochait. Ils parlèrent de jazz, de Ravel, de Villa-Lobos, un compositeur brésilien que je ne connaissais pas.

Le matin, Oscar alla voir le chanteur et lui annonça qu'il démissionnait. L'autre cria beaucoup, mais mon musicien était têtu. Le soir, nous étions de retour au club et cette fois, nous montâmes sur scène tout de suite. Désormais, Maria et Oscar formaient un duo. Ça me rappelait la bonne époque. Je soupçonnais bien que leur complicité ne s'arrêterait pas à la musique. Mais cette affaire-là prit un temps fou. Car, avec les femmes, Oscar l'artiste était un gros lourdaud. Heureusement, Maria parlait pour deux et surtout ce n'était pas une femme ordinaire, c'était une musicienne. Mais je ne vous en dirai pas plus, il s'agit de leur vie privée. Et quoique vous en pensiez, je ne suis pas une commère.

Ce que je peux vous dire, c'est que de concert en concert, Oscar s'est installé au Brésil. Et que nous y sommes toujours. Aujourd'hui, je suis vieille et lui n'est plus si jeune. Il n'a pas déniché la musique parfaite, mais je suis convaincue que dans un coin de se tête, il la cherche toujours. En revanche, il a retrouvé sa manie des orchestrations bizarres. C'est même de pire en pire. Maintenant, il ne recule devant rien. Il mélange des violoncelles, des sifflets de samba, des flûtes d'Amazonie, des guitares à dix cordes, des bâtons de pluie... De temps en temps, Maria et lui se jettent des partitions à la tête, mais aujourd'hui ils sont incapables de composer autrement qu'à quatre mains. Ils ont même écrit un concerto pour contrebasse. Et c'est moi qui vais le jouer. Avec Oscar? Non, il refuse. Ce gredin dit que ses mains tremblent, qu'il n'a plus toute sa dextérité. Mensonges! Une grand-mère comme moi ne va pas avaler de pareilles fariboles. Je sais bien qu'il veut que ce soit leur fils, João, qui l'inaugure, ce concerto. Il n'a que seize ans, le petit, mais il est doué, foi de contrebasse. Et moi, Hilda, je vais lui donner toutes les forces de mon coffre, toute la douceur de mes cordes. Je peux bien faire un effort. Depuis le temps que je l'attends mon concerto !

9

Le cadeau d'Anaïs

Bénédicte Petit

C'était un samedi. Un grand jour ! Je tournais dans ma chambre sans rien arriver à faire. Impossible de lire, pas envie de regarder la télé, encore moins de réviser le contrôle d'histoire. Après le déjeuner, Papa et Maman sont partis chercher mon cadeau d'anniversaire. Cette année, pour mes treize ans, ils me préparaient une vraie surprise.

Papa m'avait promis qu'ils seraient de retour pour seize heures. J'ai jeté un coup d'œil à mon réveil, encore un quart d'heure ! Je n'en finissais pas d'allonger la liste des cadeaux possibles ; j'avais vraiment peu d'indices. Papa m'avait dit : « Ça, au moins, ça te fera plaisir. » Il faisait sans doute allusion au poisson qu'il m'avait offert à mes dix ans. Un cadeau raté ! Je devais nettoyer l'aquarium chaque semaine et donner tous les matins ses petites graines à un animal qui tournait comme un idiot dans son bocal. Le pire, c'était l'attraper pour le mettre dans une cuvette avant de vider l'aquarium. Il était tout glissant, j'avais peur qu'il saute sur mon bureau ! Le pauvre Bob était mort de chagrin au bout de trois mois sans que je verse une larme.

Maman avait ajouté avec un sourire bizarre :

« Et nous aussi, ça nous fera bien plaisir ! »

Alors quoi ? Un vélo ? Ça leur éviterait de m'accompagner sans cesse chez ma copine Magali, à la piscine ou au stade. Ou bien un casque pour écouter mes disques à fond sans déranger personne ? Les idées ne manquaient pas. J'en avais noté dix-huit sur un papier. On verrait bien…

Soudain, j'ai sursauté en entendant une voiture arriver. J'ai dégringolé les escaliers et j'ai couru dans le jardin. Papa sortait tout seul du garage quand une camionnette blanche marquée « MICHEL, DÉPÔT-VENTE » est entrée dans le jardin. Maman est descendue suivie du chauffeur et d'un autre homme tout en muscles.

« Monte dans ta chambre, on t'appellera quand ce sera prêt ! » m'a lancé Maman, tout excitée.

Je suis montée docilement mais je commençais à en avoir marre de tout ce cinéma. L'escalier résonnait des cris de Maman : « Attention aux peintures ! Méfiez-vous, cette marche est plus haute ! » Ça avait l'air très lourd et pas facile à monter. Papa m'a enfin appelée. Ils étaient au deuxième étage, dans cette pièce sous les combles qu'on avait décidé d'aménager l'été dernier.

Un rapide coup d'œil circulaire, et j'ai aperçu une forme massive, recouverte d'un drap blanc et entourée d'un ruban rouge. Les déménageurs avaient disparu, et mes parents m'attendaient, un sourire jusqu'aux oreilles. Je commençais à avoir ma petite idée. Impatiente, j'ai tiré d'un coup sec sur le drap.

« Un piano! »

Un vieux piano en bois ciré avec des appliques dorées pour mettre des bougies et un joli tabouret à vis recouvert d'un coussin de velours! Avant que j'aie eu le temps de comprendre quoi que ce soit, Papa a débouché une bouteille de champagne et a rempli trois coupes. Il a fait un petit discours comme à chaque fête, et il m'a fait treize bises! Maman s'est contentée de deux mais elle m'a serrée très fort en me demandant si j'étais contente.

J'étais prête à exploser de joie! Le piano n'était pas sur ma liste d'idées mais comment aurais-je pu deviner? À la rentrée, quand j'en avais parlé, Papa m'avait répondu : « Un piano, c'est sérieux! À quoi ça sert d'acheter un piano si tu arrêtes de jouer dans six mois? » Quant à Maman, elle m'avait dit « si c'est comme les timbres et les bonsaïs… » Maman évoquait là certaines de mes passions qui s'étaient révélées très passagères! Mais le piano, c'était différent! C'est un instrument fantastique, et c'est beaucoup plus encore que ça. C'est presque comme quelqu'un à qui parler, un confident qui apaise les tourments, qui peut faire rire ou pleurer.

J'ai commencé le piano il y a trois ans déjà à l'école de musique. J'ai assez vite progressé, et j'en sais maintenant assez pour pouvoir m'amuser. Comme à la maison il n'y a pas de piano, entre chaque cours, je dois aller deux fois par semaine chez une voisine, Mme Rambaud, qui vit seule dans une maison de notre rue. Elle est plutôt gentille mais elle manque totalement de fantaisie : elle épie mes moindres erreurs et m'oblige à reprendre jusqu'à ce que ce soit parfaitement juste. Ses commentaires claquent sèchement et, certains jours, elle réussit presque à me dégoûter. J'attends chaque fois avec impatience que Mme Rambaud sorte acheter son pain. Je lance alors ma méthode à l'autre bout du salon, et je joue sur un rythme endiablé. Oublié le métronome, oubliées les remarques acides de la voisine, mes doigts dansent sur les noires, sur les blanches. Je ne commande plus rien, et j'écoute, étonnée, ce que mes mains inventent. Parfois, certains thèmes me plaisent, je les reprends et je leur donne un nom. Désormais, les après-midi chez Mme Rambaud sont loin, je jouerai sur mon piano !

*
* *

Il a fallu un bon moment avant de réaliser que ce piano était vraiment à moi. J'ai commencé par en faire le tour, et j'ai caressé le couvercle avant de l'ouvrir enfin. Un vieux tapis brodé aux couleurs fanées protégeait le clavier. Un peu émue, le cœur battant, mes doigts restèrent suspendus au-dessus des touches. L'éclat des blanches s'était un peu terni, le temps avait passé et l'ivoire avait pris une teinte jaune. D'un seul coup, j'ai laissé glisser mes mains sur le clavier. Le son était parfaitement clair. Le piano semblait avoir été très bien entretenu, et les accords jaillissaient tantôt graves, tantôt légers. J'avais l'impression de le découvrir comme on visite la maison d'un ami. Puis j'ai essayé de jouer quelques morceaux. Je travaillais alors une œuvre de Schubert à quatre mains, la *Fantaisie en fa mineur.*

J'aurais voulu que Magali soit là pour jouer sa partie et que nous partagions ce moment. Mais, j'étais aussi contente de savourer le plaisir de jouer seule! Concentrée sur mon morceau, je n'ai pas vu le temps passer. J'avais complètement oublié que nous devions passer voir Manou, ma grand-mère qui vivait dans une maison de retraite. Maman a surgi tout à coup dans les combles.

« Il est six heures! Va mettre autre chose que ces baskets, on part tout de suite. »

Maman ne m'a même pas demandé si le piano me convenait et si j'avais bien joué. Rien! Mais elle a pensé à mes chaussures. Ce genre de détails ne lui échappe jamais. C'est fou ce que les adultes passent parfois à côté de l'essentiel!

Trop heureuse pour râler, je suis descendue me changer. J'étais contente de retrouver Manou. Contrairement à mes parents, elle semblait avoir dépassé l'âge des adultes, et elle recommençait à se préoccuper de l'essentiel.

Sa maison de retraite était perdue au fond d'un parc où j'adorais faire du vélo. C'était un vieux manoir dont les façades étaient couvertes de vigne vierge. Sa chambre était au rez-de-chaussée, et elle pouvait sortir directement dans la cour par une porte-fenêtre suffisamment large pour son fauteuil roulant. Manou était venue vivre ici parce qu'elle avait des problèmes de jambes. Elle ne tenait pas debout plus de cinq minutes.

Comme souvent en arrivant, nous avons croisé un vieux monsieur dans le parc. Je l'avais repéré parce qu'il était toujours vêtu de costumes très clairs et qu'il fumait la pipe avec application. Il m'intriguait. Un jour, j'avais observé son petit manège. Il passait un long moment à curer sa pipe, mettre un peu de tabac, l'allumer et enfin, aspirer profondément une longue bouffée.

Manou nous attendait depuis presque une demi-heure et croyait qu'on l'avait oubliée.

« J'ai déjà mangé la moitié des biscuits, j'ai cru que vous aviez mieux à faire que de passer ici !

— Mais qu'est-ce que tu racontes Manou ! répondis-je. On t'a promis qu'on venait.

— Bien sûr, c'est ton anniversaire, Anaïs, je plaisantais ! Je n'ai pas oublié ma petite fille chérie », dit Manou en brandissant un cadeau.

L'après-midi s'est terminée gaiement, et nous sommes partis quand la cloche du dîner a sonné. J'ai promis à Manou de venir la semaine prochaine jouer sur le piano du grand salon pour elle et ses copines un peu dures d'oreille !

*

* *

Après le dîner, Papa et Maman se sont installés au salon pour regarder une cassette vidéo. Le film ne me tentait pas, et j'ai préféré monter au grenier. Mon piano trônait majestueusement dans la pénombre. J'ai allumé une lampe et je l'ai regardé sous tous les angles. Je voulais le connaître par cœur ! J'adorais surtout regarder l'intérieur, l'enchaînement des mécanismes qui permettait qu'un petit marteau de bois recouvert de feutre frappe une corde et produise un son unique. C'était à la fois simple et fascinant.

Je savais bien comment cela fonctionnait et, cependant, j'y trouvais toujours un peu de magie. Comme pour dévoiler le mystère, j'ai glissé ma main dans les entrailles du piano.

Mes doigts se promenaient doucement quand, tout à coup, j'ai senti quelque chose de bizarre. La paroi latérale n'était pas parfaitement lisse. En repassant, j'ai réalisé que ce renflement n'était pas un défaut du bois. Intriguée, je me suis penchée pour examiner cette anomalie. J'ai découvert alors une petite enveloppe de papier kraft, à moitié coincée derrière le cadre métallique. J'ai eu du mal à la sortir.

L'enveloppe était vierge et fermée avec du scotch. Je ne savais pas quoi faire. Cette enveloppe ne m'était pas destinée, est-ce que j'avais le droit de l'ouvrir ? Mais après tout, qui savait qu'elle était là ? Je l'ai ouverte méticuleusement. À l'intérieur se trouvaient quelques feuilles de papier si fin qu'il était presque transparent.

Impatiente, je me suis assise par terre, dos au piano, et j'ai déplié les feuillets collés entre eux. Je les ai disposés sur le parquet. C'étaient des lettres. L'auteur avait une écriture fine et régulière, une façon ancienne de former les lettres avec des jolies boucles et des majuscules. Les lettres étaient classées par ordre chronologique de 1940 à 1945. Les voici.

20 juin 1940

Ma chère sœur,

En route vers je ne sais où, je te griffonne un message. Je vais le confier à quelqu'un sur la route en espérant qu'il te parviendra dans les meilleurs délais. Les Allemands sont entrés en ville le 17 juin après-midi et nous avons été très vite arrêtés. Après avoir passé quelques jours dans un camp provisoire, nous marchons depuis hier. Il fait une chaleur étouffante, et la soif nous dessèche. Heureusement, parfois des habitants disposent au bord de la route des bacs remplis d'eau fraîche où nous buvons goulûment. Les Allemands ne disent rien pourvu qu'on fasse vite. Je ne sais pas ce qui nous attend mais j'ai confiance. Certains disent que la guerre sera finie avant l'hiver…

Je pense fort à vous tous et vous embrasse tendrement.

Lucien
18 décembre 1940

Chère Rose,

Me voici en Allemagne dans un camp de prisonniers de guerre. Heureusement, je suis avec les copains, nous logeons dans la même baraque. Ce sont des petites maisons en bois sans aucun confort. Il n'y a pas d'endroit pour s'isoler. Nous nous entendons bien mais tu sais combien j'aime les moments de solitude et, parfois, cette vie de groupe m'étouffe. Tout me paraît nouveau ici, c'est un autre monde. Je découvre que les hommes peuvent être de vraies bêtes sauvages. Tu verrais la cohue à l'heure de la soupe ! Certains sont prêts à tout pour en avoir plus que le voisin ! Pourtant, le menu n'est pas très appétissant : chaque soir, un demi-litre de bouillon fade où flottent quelques rondelles de saucisse ou une pomme de terre farineuse et un morceau de pain si dur qu'on dirait qu'ils le font avec de la sciure de bois !

La neige recouvre le camp et le vent s'infiltre partout. Je m'oblige malgré la température à faire ma toilette chaque matin. J'essaie de garder un rythme de vie normal, de ne pas ressembler à certains dont le seul but de la journée est la gamelle de soupe. Je veux rester un homme debout!

Mais tout cela n'est rien! Le plus difficile, c'est bien sûr cette liberté qu'on nous vole, cette jeunesse qu'on nous arrache. Notre horizon est bouché par ces maudits barbelés et je ne sais pas quand nous sortirons d'ici. Privé de liberté, je suis aussi privé de musique, privé de piano. Voilà plus de six mois que je n'ai pas joué. Mes doigts s'engourdissent et s'impatientent. Le clavier me manque tant! Profite pour moi du piano, ma chère Rose! Joue pour moi ces morceaux de Schubert que j'aime tant.

Je t'embrasse tendrement.

Lucien

5 avril 1941

Ma chère Rose,

Je crois que mes lettres des mois précédents ne te sont pas parvenues. Les Allemands distribuent le courrier pour nous punir ou nous récompenser. Ils nous traitent comme des enfants qu'on priverait de dessert. C'est très dur car ces lettres sont pour nous un oxygène précieux. La neige a fondu et le printemps a surgi ça et là. Mais aucune fleur ne pousse dans ce camp boueux et sans cesse piétiné, la nature refuse de s'épanouir ici! L'hiver a emporté avec lui beaucoup de prisonniers, dont mon vieux copain Maurice Bellanger (tu te souviens sûrement de sa sœur, Yvette, qui était à l'école avec toi). La pneumonie et le typhus font rage. Rassure-toi, je fais très attention et pour le moment, j'ai réussi à ne pas tomber malade!

J'arrête, je préfère te raconter ici des nouvelles plus gaies. Un petit groupe de musiciens s'est formé dans le camp, et je les ai rejoints. À force de réclamer, nous sommes parvenus à obtenir des instruments! Il y a ainsi deux violons, une flûte traversière, une trompette, une clarinette et… depuis cette semaine, un piano! Un officier allemand l'a fait venir tout exprès de Berlin car il souhaite qu'on organise des concerts pour divertir les chefs militaires du camp. Un accordeur est même passé pour l'arranger. La naissance de cet orchestre nous redonne goût à la vie, et chaque fois que nous jouons, nous oublions presque que nous sommes prisonniers. J'espère que tu gardes un bon moral malgré les difficultés de chaque jour. Je t'embrasse bien fort. Salue pour moi tous ceux que j'aime à Montmorency.

Lucien

P.-S. Peux-tu m'envoyer un cahier et des chaussettes dans ton prochain colis?

10 juin 1941

Chère petite sœur,

Voilà presque un an que je suis prisonnier! Quand serons-nous libres? Nous avons très peu d'informations, et je ne sais pas bien où en est la guerre. Nous vivons dans un petit monde fermé qui possède ses propres règles et ses conflits! Mais tout va mieux depuis que je joue à nouveau du piano. J'ai obtenu l'autorisation de jouer chaque jour une heure. Peu à peu, je retrouve l'agilité que mes doigts avaient perdue. J'ai cependant oublié quelques passages, et j'aimerais bien avoir la partition sous les yeux! J'ai rencontré un gars de Montargis avec qui je joue des morceaux à quatre mains. Le hasard fait que nous connaissons tous les deux par cœur certaines pages de la Fantaisie en fa mineur *de Schubert ! Écoute-la bien, Rose ! Cette œuvre raconte si bien ma vie ici. De la douleur, de l'inquiétude et puis quelques sursauts de joie qui redonnent courage ! Sais-tu que j'essaye de composer ces temps-ci ? Il s'agit de pièces à quatre mains. Je trouve qu'il y a dans ces morceaux un plaisir partagé, contagieux même ! Je remplis ainsi le cahier que tu m'as envoyé en espérant jouer bientôt avec toi.*

La musique occupe tout mon esprit. Souvent, je ferme les yeux et j'essaye de me souvenir des disques que Papa mettait sur le gramophone du petit salon. Malheureusement je suis parfois interrompu par les soldats qui hurlent pour nous convoquer à l'appel ou nous imposer des corvées. Mais tout ça finira bien un jour, non ? Je t'embrasse bien fort.

Ton frère Lucien

15 mars 1945

Ma chère Rose,

Ceci est normalement ma dernière lettre de prisonnier. Je ne sais pas si tu la recevras car plus rien ne fonctionne, la fin de la guerre bouleverse tout, et c'est tant mieux ! Je n'arrive pas à y croire ! Je pense vous retrouver tous bientôt ! Presque cinq ans de captivité, j'ai sûrement changé et toi aussi.

J'ai peur surtout de ne pas retrouver tout le monde... Je veux croire encore que la vie reprendra le dessus, même si je suis sûr que plus rien ne sera comme avant. Je ne sais pas ce que je vais devenir, on verra bien. Pour l'instant, il me tarde d'être à la maison, de vous serrer tous bien fort, de prendre un bain toute l'après-midi et... d'aller retrouver le piano !

Lucien

P.-S. Je reviens les joues creuses mais les mains pleines : trois cahiers noircis de portées, de croches et de soupirs, ce sont les petites pièces que j'ai composées. Les aimeras-tu ?

*

* *

Malgré mon impatience, j'ai lu ces cinq lettres lentement et avec beaucoup d'attention. Les questions se bousculaient dans ma tête. Je me suis demandé surtout si ce Lucien était encore en vie. J'ai essayé de réfléchir calmement. Si Lucien avait environ 20 ans en 1940, il devait être près de souffler ses 80 bougies. Je me suis rappelée le cours de géo sur la démographie. Le prof nous a expliqué que l'espérance de vie avait considérablement augmenté depuis cinquante ans. Il y avait donc de fortes chances pour que Lucien soit encore vivant!

Le rencontrer! Cette idée m'a paru tout à coup évidente. Il fallait que je retrouve Lucien. J'ai soudain eu envie de tout savoir de cet inconnu. Jouait-il toujours du piano? Avait-il gardé des cahiers de musique écrits lorsqu'il était prisonnier de guerre? Qu'avait-il fait après son retour de captivité? Était-il devenu postier, professeur de piano, cordonnier ou vétérinaire?

À vrai dire, je ne connaissais de cet homme que son prénom. Tout nous séparait et pourtant, je me sentais proche de lui. Le piano tissait entre nous un fil invisible. Nous avions le même goût pour les morceaux joués à quatre mains, et en particulier ceux de Schubert. Et ces affinités communes me semblaient plus importantes que le reste.

J'ai relu fébrilement les lettres. Ces quelques feuilles étaient les seules traces de ce Lucien dont je ne connaissais même pas le nom de famille. Je disposais d'un autre indice : l'allusion que Lucien faisait à Rose de Montmorency. Ainsi, pendant la guerre au moins, Lucien et Rose avaient habité dans la ville où je vivais.

La nuit était tombée, et la petite lampe éclairait faiblement la pièce. J'imaginais ma rencontre avec Lucien. Plongée dans mes pensées, je n'ai pas entendu Papa monter.

« Qu'est-ce que tu fabriques dans le noir, Anaïs ? On croyait que tu étais montée te coucher ! dit-il, stupéfait de me découvrir là.

— Je range des vieux trucs », ai-je répliqué en repliant rapidement les lettres de Lucien.

Le couvercle du piano était toujours ouvert, j'espérais très fort que Papa ne remarque rien d'anormal et qu'il ne me pose pas plus de questions. J'ai enchaîné aussitôt sur un autre sujet :

« Et le film, c'était comment ?

— Ah, génial, tu aurais dû le regarder avec nous plutôt que de rester toute seule ici ! »

J'ai glissé les lettres dans la poche arrière de mon jean, j'ai rabattu le couvercle du piano et nous sommes descendus.

Cette nuit-là, j'ai fait un rêve bizarre. Je criais depuis un balcon « Lucien! Lucien! » Des centaines d'homme passaient en levant leur visage vers moi. Ils agitaient les bras en criant : « C'est moi! » J'y repensais en étalant la confiture sur ma biscotte. Ce rêve n'était pas très encourageant mais cela n'a pas entamé mon enthousiasme, et j'ai décidé d'élaborer un plan de bataille. Il n'y avait pas mille possibilités, je devais remonter la piste du piano jusqu'à Rose. Avec un peu de chance, celui qui avait vendu le piano à mes parents connaissait la sœur de Lucien.

L'image de la camionnette m'est revenue tout à coup à l'esprit. Je revoyais les lettres peintes en rouge sur les côtés du véhicule : MICHEL, DÉPÔT-VENTE. J'ai terminé en vitesse mon chocolat, et je me suis installée devant le Minitel. L'annuaire indiquait plusieurs brocanteurs ou dépôt-vente d'objets anciens du nom de Michel dans le département. J'ai noté les trois numéros de téléphone sur un bout de papier.

Malheureusement, on était dimanche, et je ne pouvais pas avancer davantage. Les boutiques étaient sûrement fermées, et mes parents étaient évidemment à la maison. Je ne voulais pas les mettre dans la confidence, c'était mon secret.

Toute la journée, je me suis occupée, pourtant je me demandais sans cesse à quoi ressemblait ce Lucien. À la télévision, les publicités des compagnies d'assurance montraient des petits vieux en pleine forme, qui faisaient du vélo ou du jogging en souriant. Lucien était peut-être comme eux… à moins qu'il ne soit devenu un vieillard grincheux et malade.

*

* *

Dans le bus qui me ramenait du collège, je préparai mes coups de téléphone aux trois brocanteurs qui s'appelaient Michel. Je me demandai comment j'allais leur exposer mon problème. J'hésitai entre deux solutions. Soit je racontais n'importe quoi, soit je disais tout simplement la vérité. Je n'avais pas très envie de partager mon secret et, en même temps, je voulais à tout prix trouver l'ancien propriétaire du piano.

La maison était vide, Maman ne rentrerait que vers 18 h 30, j'avais donc le temps de téléphoner tranquillement. Personne ne répondait au premier numéro. J'ai laissé sonner au moins vingt-cinq coups en vain. Le second sonnait occupé. Tout ça commençait plutôt mal ! Le troisième a décroché. J'ai pris une grande respiration, et je me suis lancée.

« Bonjour. Vous êtes M. Michel ?

— Oui, c'est à quel sujet ?

— Eh bien, c'est à propos d'un piano.

— Un piano ?

— Oui, nous l'avons acheté chez vous la semaine dernière et...

— Qu'est-ce que c'est que cette blague, je ne vends que des jouets anciens !

— Ah bon ! Je suis désolée, j'ai fait une erreur ! »

J'ai raccroché en bafouillant, un peu déçue. J'ai à nouveau composé les deux autres numéros. Il n'y avait toujours personne au premier, et il y avait un sacré bavard au bout du fil au second numéro ! Au bout de vingt minutes, j'étais très énervée quand une petite voix aiguë a répondu.

« Allô, allô !

— Bonjour, madame, je voudrais parler à M. Michel du dépôt-vente.

— Un instant, je l'appelle... »

Mon cœur s'est serré, tout s'est bousculé dans ma tête, je ne savais plus par quel bout commencer.

« Bonjour, monsieur, je suis Anaïs Lefort, vous avez livré un piano samedi dernier chez moi...

— Oui, oui, je vois bien, c'était un cadeau surprise, n'est-ce pas ?

— C'est ça !

— Alors, est-ce que ça t'a fait plaisir ?

— Oui, oui, mais...

— C'est très bien, tu n'as pas de problème j'espère, c'est une belle pièce ce piano-là.

— Non, il a un très beau son, mais...

— Mais quoi ?

— Je voulais savoir d'où il venait, chez qui vous l'aviez trouvé.

— Et pourquoi donc ?

— Parce que j'ai trouvé quelque chose dedans. S'il vous plaît, dites-moi juste le nom de la personne, je m'arrangerai pour le reste.

— C'est pas trop dans mes habitudes, c'est pas les renseignements généraux ici !

— Bien sûr mais c'est important, s'il vous plaît…

— Bon… Attends, je retrouve mon cahier. Tu sais ce que tu veux petite ! Ah ! Ça y est ! C'est Mme Gilles. Bon, j'ai rien dit, débrouille toi et ne t'avise pas de me demander autre chose !

— Merci, c'est tout ce que je voulais. Au revoir ! »

*
* *

Je possédais une piste sérieuse si toutefois Rose était effectivement cette Mme Gilles. Ma seulc chance de retrouver Lucien était là. Lucien s'appelait-il aussi M. Gilles ou bien sa sœur avait-elle changé de nom en se mariant ? L'annuaire du département ne répertoriait aucun Lucien Gilles ni aucune Rose Gilles. Rose devait être inscrite sous le prénom de son mari que j'ignorais. J'étais donc obligée d'essayer de téléphoner à tous les Gilles! Prenant mon mal en patience, j'ai recopié la liste du Minitel en commençant par ceux de Montmorency. Par chance, peu de familles portaient ce nom, et je serais vite fixée. Il me restait un peu de temps encore avant l'arrivée de mes parents.

Mes premiers appels ne donnèrent rien, il n'y avait jamais de Rose. Au quatrième appel, j'avais pris de l'assurance, et je demandai très naturellement si je pouvais parler à Rose Gilles. L'homme a laissé passer un instant de silence et m'a appris que sa femme était décédée récemment. Je n'avais évidemment pas prévu une telle réponse, et j'ai laissé à mon tour passer quelques secondes sans rien dire. Le mari de Rose a repris la parole et m'a demandé ce que je voulais. Comme il me paraissait plutôt gentil, je lui ai parlé du piano sans mentionner les lettres, et puis j'ai demandé des nouvelles de Lucien.

« Lucien? Mais vous le connaissez aussi? s'est étonné M. Gilles.

— Pas vraiment, je voudrais beaucoup le rencontrer en fait.

— C'est devenu un vieil ours pas toujours accueillant, vous avez du courage de vouloir le voir ! Enfin, si ça vous chante…

— Le problème, c'est que je ne sais pas où le joindre.

— Vous êtes bizarre, mademoiselle, vous voulez voir quelqu'un dont vous ignorez l'adresse et que vous ne connaissez même pas ! Qu'est-ce que vous me cachez ?

— Rien de grave, je vous promets, dites-moi où est Lucien et je vous raconterai plus tard. Dites-moi aussi son nom de famille s'il vous plaît !

— De mieux en mieux ! J'ai passé l'âge des cachotteries, je vais tout vous dire ! Mon beau-frère s'appelle Lucien Frachet, il vit à Bonneuil dans une maison de retraite qui s'appelle "Les Chênes".

— Quoi ? Il habite aux *Chênes* ? me suis-je écriée, le souffle coupé.

— Si je vous le dis ! C'est extraordinaire selon vous ?

— Mais c'est fou, cette histoire ! Je vous rappellerai, je vous raconterai M. Gilles, je vous le promets, mille fois merci. Génial! Merci encore! »

J'ai raccroché en souriant. Mes joues étaient en feu, je n'en revenais pas! Lucien vivait dans la même maison de retraite que ma grand-mère. Il occupait peut-être même l'appartement voisin de celui de Manou!

Cette fois, je n'ai pas eu besoin de plonger dans l'annuaire pour obtenir le numéro de téléphone des *Chênes*; il était tout naturellement dans le répertoire familial!

Maintenant que j'approchais du but, j'étais moins pressée. En découvrant les lettres dans le piano, j'avais le sentiment que mon enquête pourrait durer des mois. J'étais étonnée et presque déçue : quelques jours à peine avaient suffi à tout éclaircir! Je voulais maintenant travailler la *Fantaisie en fa* et envisager un duo avec Lucien. J'espérais très fort que ses mains seraient aussi agiles qu'en 1940 et que ses doigts retrouveraient facilement le chemin des touches. Le lendemain, j'avais une leçon à l'école de musique, je reprendrai le morceau avec mon professeur. Le soir, en me couchant, une idée sombre a traversé mon esprit : et si Lucien mourrait avant que je ne le rencontre? Ce serait vraiment idiot que nous nous manquions. Je lui téléphonerai dès le lendemain, à l'heure de la cantine! Tant pis si j'écorchais encore un peu Schubert!

*
* *

Ensuite, tout est allé très vite. J'ai réussi à joindre Lucien du premier coup. Sa voix était claire, et il ne semblait pas avoir près de 80 ans. Il était plutôt intrigué par mon histoire. Il y croyait à peine en fait, mais comme j'insistais, il m'a proposé de passer le voir le mercredi vers 16 heures. J'étais un peu triste qu'il ne me croie pas immédiatement. Je me suis consolée en accusant une mémoire fatiguée. Je croisais les doigts pour qu'il ait encore toute sa tête et que je reconnaisse en lui le jeune homme des lettres. C'était sans doute un peu bête, et je risquais d'être déçue. Il valait sûrement mieux ne rien attendre d'extraordinaire de cette rencontre mais je ne pouvais pas m'en empêcher!

Le mardi et le mercredi m'ont paru durer un mois entier. L'attente exerçait sur moi une véritable pression. J'étais tendue, et Papa et Maman s'en sont bien rendus compte. Un rien m'agaçait ; j'envoyais promener tout le monde pour un oui ou pour un non. Papa n'a pas manqué d'évoquer l'adolescence et l'ingratitude des enfants. Je bouillais intérieurement mais j'ai tenu ma langue. Après tout, ça ne les regardait pas, et tant pis s'ils me trouvaient « irritable et irritante », comme disait Papa.

L'après-midi est enfin arrivée. Prétextant une visite à Manou, j'ai enfourché mon vélo, et j'ai pris la route de Bonneuil. Le ciel était menaçant et je regrettais déjà de ne pas avoir pris de ciré. Je pédalais donc de plus belle en chantonnant l'air de la *Fantaisie en fa.*

Une demi-heure plus tard, alors qu'une pluie fine commençait à tomber, j'ai passé la grande grille en fer forgé de la maison de retraite.

Des silhouettes en imperméables se dépêchaient vers la maison. J'ai laissé mon vélo sous un hangar, et j'ai essuyé mon visage mouillé de pluie avec un mouchoir.

J'ai pris la direction de l'aile B où Lucien habitait. L'appartement de Manou était dans l'aile opposée et, avec un peu de chance, je ne la croiserai pas dans les couloirs. Je baissais un peu la tête de crainte que les dames de service ou une amie de Manou ne me reconnaissent et me questionnent. Je suis arrivée essoufflée devant la porte 22. Sur l'étiquette, il y avait indiqué Lucien FRACHET. Pas de doute, j'étais cette fois tout près du but !

Il était juste 16 heures, et j'ai frappé trois petits coups. La porte s'est ouverte aussitôt et un homme m'a invitée à entrer. Nous nous sommes immédiatement reconnus, et je n'ai pas pu m'empêcher d'éclater de rire. Après toutes ces recherches, je tombais nez à nez avec l'homme à la pipe que j'observais dans le parc des *Chênes* depuis toujours !

« Mais je te reconnais, tu es la petite fille de Mme Lefort !

— Mais je vous reconnais aussi, je vous ai aperçu dans le parc plusieurs fois. J'aime bien vous voir fumer la pipe sur le banc du fond, près du bassin ! »

Cette coïncidence a immédiatement brisé la glace et nous nous sommes installés en souriant l'un en face de l'autre, dans de gros fauteuils en cuir craquelé.

Lucien m'a servi un chocolat chaud et m'a demandé de lui parler de cette histoire de lettres à laquelle il ne comprenait rien ! J'ai tout expliqué : ma découverte et mon coup de téléphone à M. Gilles. Lucien me regardait mais ses grands yeux verts semblaient ailleurs. Il m'a semblé qu'ils brillaient plus qu'à mon arrivée. Des larmes peut-être. Il ne disait rien et se contentait de hocher la tête doucement.

Je me suis arrêtée. Lucien a murmuré :

« Bois ton chocolat, il va être froid. »

Une petite peau s'était formée à la surface du lait déjà tiède. J'ai remué énergiquement la cuiller pour dissoudre la pellicule. En face de moi, à deux mètres à peine, Lucien semblait revenir à la réalité. Il s'est levé pour prendre sa pipe sur un meuble, et il est venu vers moi.

« Mais au fait, qu'est-ce que tu veux savoir ? » a-t-il lancé, un peu sèchement.

J'ai failli avaler ma gorgée de chocolat de travers. Je me suis rappelée M. Gilles qui traitait son beau-frère d'ours. J'ai repris mon souffle et je lui ai répondu.

« Rien de spécial. Je voulais surtout vous rencontrer. Si ça vous embête que je sois venue, je peux repartir, Lucien, euh, je veux dire M. Frachet. »

Lucien a eu un petit rire, et il a été se rasseoir. Il a bourré sa pipe et l'a allumée en tirant de longues bouffées. Une odeur de forêt a envahi la pièce.

« Appelle-moi comme ça te chante, je ne me formalise pas pour ça! Tu sais Anaïs, je suis devenu un peu bourru avec l'âge. Tu ne te rends pas compte mais tu es en train de faire remonter en moi des montagnes de souvenirs... Il y en a des bons et des moins bons bien sûr! Et ça fait beaucoup pour un seul homme!

— Je suis désolée, je vais vous laisser maintenant, ai-je murmuré en me relevant.

— Mais non, reste, c'est bien aussi de parler de tout ça. Je te raconterai mon histoire mais un autre jour parce qu'aujourd'hui, tu vois, je ne m'en sens pas la force... C'est bizarre ce qui nous arrive là, non? »

L'odeur du tabac me chatouillait les narines, j'avais envie d'éternuer et je n'y arrivais pas. Je ne savais plus quoi dire à Lucien. Il avait l'air tout à coup si fragile, j'avais peur de lui faire de la peine. Notre rencontre prenait une tournure que je n'avais pas du tout imaginée. Une sorte de malaise s'installait entre nous, et c'était plutôt désagréable. Finalement, comme il ne disait toujours rien, je me suis risquée à parler de piano. Il a levé les yeux avec un drôle d'air.

« J'ai arrêté de jouer il y a dix ans. Le jour où un camion a renversé Madeleine sur son vélo. Ma femme est morte sur le coup, toute seule, sans moi. Un accident quoi ! Il y en a tous les jours des comme ça ! » a-t-il jeté rageusement.

Il y a eu quelques minutes de silence et puis Lucien a repris doucement :

« Mais toi, Anaïs, dis-moi ce que tu joues.

— En ce moment, je travaille la *Fantaisie en fa* de Schubert.

— Formidable ! s'est-il exclamé joyeusement. Et où en es-tu ?

— Je me débrouille à peu près avec le premier mouvement…

— L'Allegro molto moderato ?

— C'est ça, oui !

— Et tu le jouerais si je te le demandais ?

— Bien sûr, mais qui fera l'autre partie ?

— Eh bien… Pour toi, je pourrais peut-être essayer ! »

10

Souvenirs, souvenirs

Brigitte Delpech

« Oui, monsieur, j'ai été dans la musique, tel que vous me voyez. *Boys Band* même que ça s'appelait, vous vous souvenez ? Enfin un tiers seulement du trio, bien sûr, mais pas le tiers le plus dégoûtant, je vous remercie. Je sais, on ne dirait pas à me voir, mais réfléchissez, si j'étais resté avec mon corps d'il y a cinquante ans, je ne serai pas aujourd'hui dans ce « Programme Éléphant » avec vous.

Oh! c'était bien avant la Prise de Conscience! On avait le droit d'écouter toutes sortes de choses à l'époque, les plus mauvaises aussi, sans problème. La musique n'était pas éducative comme aujourd'hui, elle était commerciale, ça fait un monde de différence.

Le succès qu'on avait, quand j'y repense! Comment ça a commencé? Oh, bêtement, j'ai un peu honte de le dire. J'avais vingt-trois ans, et je faisais de la gonflette dans un club de gym. Ça oui, c'était sacrément bon de rouler des biscottos, les minettes venaient exprès pour voir ça de près, je vous prie de le croire. Hélas! le muscle, un jour, ça fond, et ça donne le triste résultat que vous voyez : 1,83 m et 164 kg : la baleine, pas sexy pour deux sous. Mais, à ce moment-là, j'étais plutôt beau gars. Le soir, pour gagner ma vie, j'étais *gogo dancer* dans une boîte de nuit : avec un tee-shirt trop petit fourni par la direction, je dansais sur une estrade, pour mettre de l'ambiance. C'est comme ça que j'ai été repéré, je ne me l'explique pas autrement. Un jour, une dame plus très jeune, tailleur strict, chignon serré, lunettes, est venue me voir au club :

« Ça vous dirait de faire de la musique, elle a demandé ?

— De la musique ? j'ai répété, un peu stupéfait. Mais…

— Oui, avec deux ou trois autres types dans votre genre, pour chanter, danser, faire des concerts, passer à la télé. La célébrité, quoi. Les *Boys Band*, ça vous dit quelque chose ? »

Il aurait fallu être sourd et aveugle, en 1998, pour n'avoir jamais entendu parler des *Boys Band* ; chaque chaîne de télé avait le sien, et ça marchait du feu de dieu. Bien entendu, fallait pas être trop exigeant sur la qualité des textes, mais quand même, quel succès !

« Mais je chante faux comme une casserole, j'ai protesté, par honnêteté.

— Mon ami, personne ne vous demande de chanter pour de vrai. Soyez sexy, drôle, séduisant et sain, et tout ira bien. Passez me voir demain au studio, je vous présenterai les autres. »

Les autres ? Deux garçons un peu comme moi : moniteur de voile et maître-nageur. Pas un gramme de graisse, du muscle mais pas trop, des belles petites gueules, des cils assez longs pour faire le regard de velours, et, pour chacun, un petit détail destiné à faire craquer. Kevin – inutile, n'est ce pas de vous préciser qu'il ne s'appelait pas vraiment Kevin – avait une cicatrice sur le menton pour le côté baroudeur. Rico – non, parce que Jeannot, vraiment, c'était pas vendeur – un grain de beauté sur la pommette gauche; et moi, qui n'avait rien de spécial au départ, on m'a bombardé M. Excentricité – il en fallait un dans chaque *band* : un doux, un dur et un excentrique, c'était la recette : j'ai donc eu successivement les cheveux blond platine, puis gris argent et enfin doré comme le bronze. Très « staïïïle », comme on disait alors.

Ça s'est fait en moins de dix jours. On s'est vus, on s'est pas vraiment plu, mais après tout on avait le droit de ne pas être vraiment copains dans la vraie vie. On a appris très vite la chorégraphie de base, pas très compliquée, tous les *Boys Band* avaient la même, pas besoin d'être Claude François pour y arriver. On a ingurgité toutes sortes d'informations « authentiques » sur nous, notre amitié de vingt ans, nos hobbies, nos peluches. Parce que l'âge moyen de nos fans ne dépassait pas les onze ans. Mais attention, des vraies tigresses déjà : dans le contrat draconien qu'on a signé avec le studio, il était bien précisé qu'il était strictement interdit d'avoir une petite amie, de se marier ou d'avoir des enfants pendant le temps que durerait le *Band.* Strictement interdit. Tu appartiens à toutes, aucune ne t'appartient. Et dans la profession, je peux vous dire que pas mal ont perdu leur job de rêve à cause de ça. Que voulez-vous, les paparazzi étaient terribles à l'époque, ils dormaient presque sur votre paillasson pour être certain de vous coincer. Sur ce plan-là, c'était pas une vic de tout repos. Pourtant, avec le nombre de galas, d'émissions de télé, de concerts, de séances de signatures qu'on avait, je ne vois pas bien quand on aurait eu le temps de rencontrer une fille. Mais je mélange un peu tout.

Comment on s'appelait ? Les *D6 Bels.* Je sais on n'était que trois, mais ça n'a pas eu l'air de gêner qui que ce soit. Chanter ? Non, rassurez-vous, aucun d'entre nous ne chantait. C'était les autres, les moches, qui s'y collaient. D'ailleurs, je ne connais pas un seul *Boys Band* qui ait chanté pour de vrai. Non, non, c'était pas mal organisé : il y avait au studio des groupes qui n'étaient là que pour ça : pousser la chansonnette tandis que nous nous agitions un micro à la main en enchaînant les pas. Ça n'avait pas beaucoup d'importance d'ailleurs parce que, en concert, les filles hurlaient si fort qu'elles recouvraient les paroles. Bien malin qui aurait pu comprendre quoi que ce soit.

On a enchaîné les tubes : *La Vie sans toi*, *Parce que je t'aime…*, *Partir un soir*, *Les Plages de nos vacances*, etc. Ah, je vois votre œil qui s'allume, ça vous dit quelque chose ? Comment : *Les Vacances de l'amour*? *Avec toi pour toujours*? Ah non, ça c'était pas nous, vous confondez. D'ailleurs, c'était beaucoup moins bien. On a aussi enchaîné les tournées : stations balnéaires l'été, stations de ski l'hiver, parcs et jardins au printemps, concerts à Paris à l'automne : une vie de dingue. En plus, attention, pas question de montrer un signe de fatigue ou de lassitude : on était beau, on était copains, on était heureux. Heu-reux. Pas le choix, obligés. Et attention, jamais une cigarette, jamais un verre d'alcool, ni aucune substance interdite naturellement. Ça aussi c'était dans le contrat. En revanche, si on posait souvent à côté de verres de lait, de légumes verts, de céréales, c'était tout bénef. Nous, on était sponsorisés par une marque d'eau minérale, alors, vous imaginez les hectolitres qu'on a pu s'avaler.

Bref, c'était la pleine époque des *Boys Band*. Les *Girls Band*, ça marchait moins bien. Il faut dire que les filles en groupe, tout de suite elles font moins propres, moins respectables. Et tout le monde voulait avoir l'air propre, rappelez-vous, c'était le mot d'ordre absolu. De temps en temps, un homme politique venait nous rejoindre sur une scène, pour montrer à ses électeurs comme il était propre lui-même, aussi sain et sexy que nous. D'ailleurs les campagnes électorales utilisaient des slogans qui ressemblaient de plus en plus à nos chansons : *La Vie avec vous*, *Un an pour construire*, etc.

Rapidement les autres chanteurs sont devenus ringards, ridicules avec leurs cheveux sales, leurs paroles incompréhensibles, leur musique difficile à suivre. Sans parler des morceaux venus de l'étranger : le raï, le rap, la musique africaine, cubaine, même le rock, s'il n'était pas calibré pour être immédiatement vendable, tout ça, hop, à la poubelle, pas assez lisse, pas assez propre. Quelques groupes ont essayé de résister, mais c'était peine perdue, les radios ont tôt fait de comprendre qu'elles n'avaient pas intérêt à les programmer. Et avec ça, une excuse toute trouvée : qui achetait des disques qu'on entendait jamais ? Donc, pourquoi passer des disques que personne n'achetait ? La musique devenait un produit reposant : on pouvait compter sur les directeurs de studio pour élaborer tranquillement les morceaux qui allaient marcher, les *bands* qu'on allait pouvoir utiliser pour vendre ce qu'on avait à vendre. Oh, ne croyez pas que je sois amer, j'ai gagné un maximum d'argent grâce à ce système. Et puis, quel repos pour tout le monde de savoir, six mois à l'avance, ce qui se préparait, ce qui allait marcher, ce qui allait être à la mode : imaginez le soulagement des disquaires, des magasins de vêtements, qui n'avaient plus qu'à copier les looks à la mode.

Les gens en avaient assez de l'imprévisible, du compliqué, ils voulaient du préfabriqué, et on leur en donnait. Ils voulaient du propre, je me répète, et on leur en a donné autant qu'il en était possible. On ne transpirait pas, on avait jamais un poil sur le visage, il fallait même s'épiler les mollets quand on était en bermuda. Les coupes de cheveux aussi étaient formatées : Rico le brun avait une mèche souple qui lui barrait le front, Kevin était bouclé, légèrement bien sûr, et moi j'avais toujours les cheveux en brosse, seule la couleur changeait, comme je vous l'ai dit.

Petit à petit aussi les boîtes de nuit se sont mises à fermer plus tôt. Se coucher à 6 heures du matin après avoir engrangé des décibels toute la nuit, ce n'était pas très propre. Il fallait faire du sport aussi, beaucoup de sport, c'était obligatoire. Notez, c'était notre occupation principale au départ, alors, un peu plus un peu moins. Sauf que, rapidement, à force de s'étirer de se muscler, de se gonfler, on finissait par devenir un peu difforme, plus très naturel. Vous voyez toute ma graisse ? Comme je vous le disais tout à l'heure, c'est mon trop plein de muscle qui a fondu.

Les choses ont commencé à se gâter quand les *Boys Band* se sont tellement multipliés qu'il n'y avait plus assez d'émission à la télé pour les programmer tous. On se marchait sur les pieds, littéralement. La concurrence était infernale. Et c'est alors que les bruits ont commencé à circuler : on avait cloné Filip des *2B5* pour le cas où il lui arriverait quelque chose, et son double était soigneusement « conservé » dans les locaux de sa maison de disques. On enfermait les *Salt Girls* dans leur appartement de rêve, et leur existence se résumait à se rendre aux émissions de télévision et aux inaugurations de galeries marchandes. Pire, « on » avait lâché des fans hystériques sur le Jake 1 des *Jolly Jakes* qui parlait de quitter le groupe ; et ne seraient ressortis de la mêlée que des lambeaux de chemise déchiquetée. On n'aurait même pas retrouvé son corps. Que dites-vous ? Si c'était vrai ? Vous en avez de bonnes, vous ! Vous savez bien ce que c'est : il n'y a pas de fumée sans feu. Enfin, bref, les rumeurs faisaient rage, et la haine entre les *bands* grandissait. Il fallait bien surveiller ses affaires lors d'une émission commune avec d'autres groupes : il n'était pas rare de sentir du poil à gratter dans son caleçon moulant; parfois la bombe de laque était remplacée par de la peinture indélébile, ou d'autres trouvailles du même tabac. En tout cas, personne, par précaution ne se serait risqué à boire ou à avaler goutte, au cas où... Il y a quand même eu quelques disparitions bizarres. Comme vous dites, c'était la guerre. Nous, on s'en tirait plutôt bien parce qu'on dégainait les premiers et qu'on était très inventifs dans les farces qu'on faisait aux autres, tout en restant hyper-propres, hyper-souriants, hyper-polis et hyper-gentils, naturellement. Mais tous n'étaient pas aussi doués. Joey, des *Boys*, s'est fait prendre avec un flacon de vitriol juste avant le concours de l'Eurovision 2001. Bref, quelque chose commençait à pourrir au royaume des *Boys Band*. Ce n'était plus comme avant, on se regardait avec méfiance. Même les fans, parfois, nous considéraient avec suspicion, nous pinçaient, cherchaient parfois à nous mordre pour vérifier que nous étions vraiment réels. D'ailleurs, quand je pense à cette rumeur de clone, c'est bien celle qui a eu la vie la plus dure. Chaque fois qu'un gros bonnet apportait un démenti, il y avait toujours des racontars qui renaissaient ailleurs. On l'a même évoqué à notre sujet, alors, vous pensez ! Je crois me souvenir qu'on avait parlé d'androïdes très bien maquillés, pour que les maisons de disques fassent de plus gros bénéfices sans avoir à miser sur le facteur humain. C'est vous dire ! C'est normal, nous les hommes, on craque quelques fois, on sort du chemin, alors qu'une machine, ce serait plus reposant pour un industriel. Il faut dire que depuis quelques années, c'était l'industrie de la musique qui marchait le mieux. Comme d'autres formes d'énergie commençaient à remplacer le bon vieux pétrole, que les mines d'or s'épuisaient, que les armes ne se vendaient plus faute de conflits majeurs ou de petites guérillas, et que les drogues étaient légalisées, tous les hommes d'affaires se rabattaient vers le milieu musical et la télévision.

Attention, pour faire du formaté, du sans risque, comme je vous ai expliqué tout à l'heure, pas de la création artistique, ça c'était pour les ringards et les loosers. Tiens, ça n'a pas tellement l'air de vous étonner, c'est bizarre. Ou alors vous êtes en train de penser que je suis complètement dingo, et que c'est pour ça que je me retrouve dans cette clinique. Pas du tout, moi je suis là pour le « Programme Éléphant ». Gros, pas cinglé, nuance. Où en étais-je déjà ? Ah oui, le début de ce siècle, quelle folie ! Parfois, ça me prend comme ça, je rêve de ce temps-là, et je regrette les paillettes, le succès, l'argent, les bravos. Je brûle soudain de tout recommencer. Oh, je vous vois hausser un sourcil dubitatif. Mais les gros aussi ont du succès ! Tenez, regardez Elvis Presley : bouffi comme un pudding, ruisselant de graisse et de sueur, les cheveux teints, et toujours aussi idolâtré : il électrisait encore les foules à la fin de sa vie. Et Ruggero Raimondi ? Ah, ça ne vous dit rien, forcément, vous êtes trop jeune. Si, si, je pourrais très bien remonter sur scène. Je bouge encore pas mal, vous savez. On reformerait le groupe, on serait un *Papys Band*, et les filles seraient folles de nous. Tiens, rien que d'y penser, je sens ma cellulite commencer à fondre. Mais pourquoi vous vous penchez comme ça vers moi ? Vous êtes sourd ou quoi ? Arrêtez, qu'est ce qui vous prend ? Non mais vous êtes fou, vous…

Tûûût, tûûût…

Rapport de l'agent D74XA5669/754@clone.band5#kill

Je me suis donc rendu à la Clinique du secteur 7788, où se tient le Programme Éléphant, afin d'y rencontrer le sujet immatriculé 9832/3. J'ai constaté là une prolifération inquiétante des tissus adipeux du suspect, associée à une dangereuse réactivation de la mémoire vive. Le sujet raconte volontiers ses années écoulées, va jusqu'à les regretter. Il faut sans doute chercher du côté d'une mauvaise programmation de son disque dur, où à une fonction « Effacement » défectueuse. À l'évidence, le matricule 9832/3 se prend pour un humain, membre d'un Boys Band (formation musicale du XXe siècle) et révèle imprudemment quelques agissements du Centre à qui veut les entendre. Jugeant la situation périlleuse et urgente, j'ai appliqué les consignes de sécurité prévues par le paragraphe 7 du Code de suivi des Androïdes : éradication des membres atteints, préservation des membres sains. Le Matricule 9832/3 pourra donc retourner au Centre de formatage général pour reconfiguration; je me suis livré à un nettoyage total de sa mémoire vive. De tels regrettables incidents ne devraient néanmoins plus se produire puisque 9832/3 était le dernier sur ma liste des survivants de l'ère pré-Prise de Conscience. On se demande d'ailleurs comment il avait pu échapper aux nombreuses opérations de reconfiguration menées conjointement sur tout le territoire.

Fin de la mission de l'Agent D74XA 5669/754@clone.band5#kill, du Département Suivi/Éradication des Androïdes.

11

L'hameçon et l'âme sœur

Romain Charbon

C'est difficile de devenir chanteur de charme, surtout quand on mesure cinq centimètres, qu'on est tout rouge et parfaitement muet. Eh bien! Bubulle, mon poisson rouge, lui, y est arrivé. Ça n'a pas été une mince affaire, mais aujourd'hui il possède sa propre salle de spectacle où il se produit plusieurs fois par semaine devant un public enthousiaste. Son interprétation de *La Mer* de Charles Trenet au moment des rappels remporte invariablement un succès tonitruant. Voici donc comment Bubulle, simple petit poisson rencontré dans une kermesse de maternelle est devenu chanteur populaire dans le monde du silence.

Laissez-moi d'abord me présenter : je m'appelle Edgar et moi aussi je suis un poisson, mais attention pas un poisson avec des écailles, non ce que je veux dire c'est que je suis du signe zodiacal du poisson, et c'est sans doute pour ça que je me suis si bien entendu avec Bubulle. Pendant les dix mois qu'il a passé à la maison, nous avons beaucoup discuté. Au début je dois avouer que j'avais un peu de mal à le comprendre, mais peu à peu j'ai appris à lire dans ses bulles et lui sur mes lèvres. Quel bavard ce Bubulle! Toujours la bouche ouverte! Enfin, je dois reconnaître qu'il a été de bon conseil et que si aujourd'hui je vis heureux avec mon amie Cherryl, c'est parce que Bubulle m'a poussé à me jeter à l'eau.

Mais revenons à nos poissons. Rapidement j'ai découvert que Bubulle était un vrai mélomane, et ça tombait très bien puisque je suis contrebassiste à l'Orchestre national de Paris. Il adorait m'entendre jouer. Il se mettait véritablement à danser dans son bocal, allant jusqu'à faire des petits sauts quand je faisais mes gammes ou répétais un morceau. Il jubilait quand je l'emmenais avec moi au concert. Pour ce faire, j'avais aménagé dans ma contrebasse un compartiment étanche. Lorsque je partais en tournée, il fallait voir la tête des régisseurs quand juste avant le spectacle je leur demandais où trouver un robinet pour remplir mon instrument! En plus de permettre à Bubulle d'assister aux récitals dans des conditions idéales, l'eau dans ma contrebasse lui conférait une sonorité très personnelle que j'appréciais beaucoup.

La curiosité musicale de Bubulle m'a toujours étonné : il était réceptif à toutes sortes de musiques. Un jour, nous sommes même allés dans une piscine, écouter une symphonie expérimentale sous l'eau. Les spectateurs terriens étaient munis de combinaisons de plongée et de bouteilles ; les poissons mélomanes, eux, étaient tous dans le plus simple appareil. Bubulle a adoré le concert. Pour moi c'était trop déroutant… J'ai prétexté que mes bouteilles fonctionnaient mal et, en plein milieu du spectacle, je suis parti l'attendre sur le bord de la piscine. J'ai dérangé tout le monde et même donné un coup de palme à une spectatrice ; lui, il est resté jusqu'à la fin.

Néanmoins, ce que Bubulle préférait avant tout, c'était les chansons jazzy. Il admirait Franck Sinatra, le crooner américain. Quand je passai un de ses standards, Bubulle avait la chair de poule… si je puis dire. Je lui avais installé un poster de son idole dans son bocal ainsi qu'un faux micro ; si bien qu'à chaque fois, il faisait une sorte de play-back. Aujourd'hui encore, je ne peux pas écouter *My Way*, que Bubulle prononçait d'ailleurs *My Wave* (Ma Vague), sans imaginer mon petit poisson rouge en smoking noir et nœud papillon devant son micro. Frank Sinatra était très porté sur l'alcool et, c'est tout à son honneur, Bubulle n'a jamais bu que de l'eau. Mais son drame c'est qu'aucun son ne sortait quand il ouvrait la bouche, à peine un misérable « poc-poc » sans commune mesure avec la voix exceptionnelle de son maître. Ce n'est pas qu'il avait un chat dans la gorge, non, c'est que rien ne sortait, rien du tout. Malgré ce handicap, il ne rêvait que d'une chose : devenir chanteur. Je me souviens du soir où il m'a fait l'aveu de son ambition :

« Edgar ?

— Oui Bubulle ?

— Il faut que je te fasse part de quelque chose de très important… Il faut que tu m'aides.

— Bien sûr, tu peux compter sur moi. De quoi s'agit-il ?

— Voilà, je voudrais ouvrir une boîte.

— Comment une boîte ? Une boîte de thon ?

— Mais non, pas une boîte de thon ! Je voudrais retourner en mer et créer un lieu convivial où je pourrais chanter et où les poissons danseraient… »

Je n'étais pas contre l'idée de rejeter Bubulle à la mer, voyant bien qu'il était trop à l'étroit dans son bocal, mais je doutais profondément de ses capacités à devenir chanteur. Régulièrement je m'évertuais à dissiper ses illusions, mais il croyait dur comme fer à son destin de vocaliste et m'abreuvait de théories fumeuses destinées à me persuader que les poissons rouges, eux aussi, pouvaient chanter. Son argument choc consistait à m'expliquer que c'est un rouge-gorge qui, en tombant dans l'eau il y a des millions d'années, a donné naissance à la race des poissons rouges. Or, nous connaissons tous les qualités vocales extraordinaires de ces petits oiseaux. Selon lui, il n'y avait qu'à retrouver cette fibre enfouie. Quand Bubulle me soutenait très sérieusement que les poissons rouges ne sont en réalité que des rouges-gorges mouillés, je lui rétorquais qu'on disait de certains hommes qu'ils étaient des poules mouillées, mais que ce n'était pas pour autant qu'ils étaient capables de pondre des œufs. Malgré tout, Bubulle restait inflexible. Il m'affirmait aussi que c'était la sole qui avait donné son nom à la note sol, que le mot « micro » était une déformation du mot « maquereau », ou encore que ce n'était pas un hasard si Schubert avait intitulé une de ses pièces musicales *La Morue*. Pour lui, le monde du silence était un monde musical en puissance. En tout cas, j'étais sûr d'une chose : ce n'est pas *La Morue* que Schubert a composée, mais *La Truite*.

Si la théorie de Bubulle sur les poissons rouges-gorges était vraie, je me dis que le seul moyen de réveiller ses aptitudes vocales était de susciter chez lui un choc émotionnel violent, qui l'amènerait à pousser un cri. Aussi, ai-je tout essayé pour lui faire peur : je me suis déguisé en chat, en murène, en requin, je m'approchais brusquement de son bocal, mais rien n'y fit. Chaque fois j'obtenais le même résultat désastreux : Bubulle, hilare, se tordait de rire dans son aquarium. Même le cambriolage qui survint en mon absence un après-midi de février ne parvint à libérer ce cri venu du fond des âges. Bubulle, témoin impuissant de la violence des malfrats qui avaient tout saccagé dans l'appartement, ne s'était pas miraculeusement métamorphosé en chien de garde sous-marin. Il n'avait pas aboyé le moins du monde et la seule conséquence de la peur bleue qu'il éprouva fut qu'il perdit son habit rouge et devint couleur de ciel.

Plus le temps s'écoulait, plus Bubulle déprimait dans son aquarium. Il passait ses journées à buller. Les derniers jours, chaque fois qu'il ouvrait la bouche pour relâcher de l'air, j'avais l'impression qu'il me répétait sans arrêt : « Au secours Edgar ! Au secours ! J'étouffe moi ! » En plus, depuis qu'il était bleu, il avait vraiment mauvaise mine. Finalement, pendant les grandes vacances, je suis parti avec Cherryl, et on a rejeté Bubulle et Titine sa compagne poisson-chat à la mer. Bubulle avait rencontré Titine un soir que je lui faisais faire une petite promenade autour du pâté de maison, histoire de lui faire un peu prendre l'air, enfin l'eau. J'accrochais une petite laisse en fil de nylon à sa nageoire dorsale, et je le faisais nager dans le caniveau. Ce soir-là, j'ai découvert avec surprise qu'une de mes voisines, Cherryl, que je ne connaissais pas encore à l'époque, faisait de même avec son poisson. Bubulle et Titine sont rapidement devenus inséparables, tout comme

Cherryl et moi. En prenant la décision de les relâcher à la mer, nous étions plus sceptiques que jamais sur les projets de Bubulle ; mais au moins il serait libre.

Quand ils sont partis, j'ai promis à Bubulle de garder son bocal au cas où il déciderait de venir me faire un petit coucou un de ces jours, bien que ce soit plutôt les oiseaux qui fassent coucou, mais enfin... Pour garder le contact, nous avons décidé de nous donner des coups de robinet. Une fois par mois, le dimanche soir, à huit heures précises, j'ouvre le robinet de ma salle de bains, et je lis les bulles qu'il m'envoie par l'intermédiaire des canalisations. Voici la première lettre que j'ai reçu, deux semaines après son départ :

Cher Edgar,

J'espère que Cherryl et toi allez bien. Ici il fait beau. Titine et moi sommes très heureux. Nous avons emménagé dans un ravissant petit récif de corail avec vue dans la mer. Je ne vais pas te cacher qu'au début, ça a été difficile. J'ai touché le fond, mais maintenant ça va mieux. J'ai repris l'équitation. Je monte un hippocampe, Hyppie, qui court très bien. En ce qui concerne le chant, je n'ai toujours pas trouvé la solution. Je m'entraîne, je m'entraîne, mais rien ne sort. En tout cas, tu avais tort, le « monde du silence » regorge de très bons musiciens et de vocalistes doués. Mais vos oreilles d'humains ne vous permettent pas d'en percevoir les subtilités. J'ai rencontré plusieurs gambas spécialistes de la viole de gambe, une orque très bonne à l'orgue, et Barry le thon a un bel organe. Quand j'aurais enfin trouvé le moyen de m'exprimer, je monterai un orchestre. Je sais que je peux compter sur Sharki, le requin de studio[1]*, qui, malgré sa mauvaise réputation, est en fait plutôt gentil. Il est tout à fait prêt à me donner un coup de nageoire.*

Grosses bises, ton Bubulle

1. En argot de musicien, un « requin de studio » est un musicien de studio.

Nous continuâmes à communiquer ainsi pendant plusieurs mois, jusqu'à un matin de septembre où j'eus beau ouvrir à fond le robinet de ma salle de bains : aucune goutte d'eau ne daignait en jaillir. J'allai dans la cuisine pour voir si c'était une coupure d'eau générale, mais non, là le jet coulait librement. Tout à coup, j'entendis le bruit d'un formidable jaillissement dans la pièce d'à côté. C'était Bubulle qui m'envoyait un message de la plus haute importance. Sa bulle était tellement grosse qu'elle avait momentanément obstrué l'orifice.

Cher Edgar,

Je t'appelle en dehors de notre rendez-vous habituel parce qu'il vient de m'arriver quelque chose d'extraordinaire. Ce matin, j'étais parti faire les courses, lorsque, soudain, j'ai vu apparaître devant moi une mie géante. De ma vie, je n'en ai vu une aussi grosse. Dilatée par l'eau, elle faisait presque deux fois ma taille! Alléché, j'ai mordu dedans et aussitôt j'ai senti qu'il y avait quelque chose de dur à l'intérieur. C'était un hameçon! Quelqu'un essayait de me pêcher.

Heureusement j'ai pu me dégager. Mais le plus extraordinaire de cette aventure, c'est qu'en se retirant, l'hameçon en métal s'est mis à vibrer et a émis l'onde sonore la plus harmonieuse que j'ai jamais entendue. Edgar, j'ai trouvé, j'ai enfin trouvé ! En faisant vibrer une tige de métal dans ma bouche, j'arriverai enfin à chanter ! Je compte sur toi pour réaliser l'instrument dont j'ai besoin et je te donne rendez-vous la semaine prochaine, à l'endroit où tu nous avais remis à l'eau.

À bientôt donc, ton Bubulle.

Pourquoi n'y avais-je pas pensé plus tôt? L'instrument de musique dont parlait Bubulle existe déjà, il s'appelle la guimbarde! Simplement les guimbardes pour humains sont beaucoup trop grosses pour un petit poisson rouge devenu bleu. Je décidai par conséquent de lui en confectionner plusieurs sur mesure, à l'aide de trombones. Il suffisait dc lcs déplier un peu afin qu'il puisse en accrocher une partie autour de sa tête et avoir dans sa bouche une tige de métal qu'il pourrait faire vibrer à sa guise en la pinçant.

Je lui en apportai une demi-douzaine la semaine suivante. Bubulle fit quelques essais devant moi. Il était ravi. Il chanta *Fly me to the moon* à Titine qui fut tellement émue qu'elle en pleura. Bubulle pouvait enfin réaliser son rêve. Quelques mois après voici la bulle qu'il m'envoya :

Cher Edgar,

Ça y est le Bubulle Big Band *est une réalité ! J'ai enfin mon orchestre et nous nous produisons régulièrement dans une petite grotte très sympathique. Je sais que sur terre quand vous organisez une petite soirée entre amis avec de la musique vous appelez ça une boum, eh bien, ici, nous appelons ça une* splash *(ça c'est quand elle est réussie) ou un* plouf *(quand elle est ratée), et je peux t'assurer qu'avec le* Bubulle Big Band *c'est toujours une* splash ! *Cet orchestre est terrible ! Les chœurs sont assurés par un formidable banc de poissons mordorés de Bora-Bora, deux soles solistes ainsi que Barry le thon. Nous avons une formation de jazz au complet avec batterie, guitare, basse et cuivres, venue spécialement du détroit du Mississippi, un orgue tenu par Orki Orque Watson, une danseuse, Fleur l'étoile de mer, et Spookie la pieuvre qui grâce à son jet d'encre assure tous les effets de fumigènes. Enfin, il y a Bubulle, ton serviteur, qui vient jouer les crooners au milieu de tout ce petit monde! Et puis tu ne sais pas la meilleure? Chaque fois que je chante, je retrouve ma couleur rouge! Le trac fait monter en moi l'adrénaline et je deviens cramoisi pendant toute la durée du show!*

Voilà en quelques mots l'histoire de Bubulle le poisson rouge devenu bleu, qui après avoir rencontré l'âme sœur et l'hameçon providentiel, est devenu joueur de trombone et chanteur de charme dans les mers du Sud…

12

Un bout de chemin ensemble

Gudule

Dougoudoum dougoudoum.

Les grandes mains de Baba Traoré frappent en cadence le baril de lessive. Dans la station de métro déserte, le martèlement sourd résonne comme les battements d'un cœur.

Dougoudoum dougoudoum.

Dans la tête de Baba Traoré, une lointaine jungle, venue du fond de son enfance, se déploie.

Sur la place du village, le griot s'accroupissait devant son tam-tam. Aussitôt, les enfants accouraient, s'asseyaient en cercle autour de lui. La peau de zébu, tendue sur le cylindre de bois, prenait vie. Lentement d'abord, puis de plus en plus fort, de plus en plus vite. La voix du vieux griot s'élevait et suscitait de très anciennes légendes. Oscillant malgré eux, le corps envahi par les fourmis de la danse, scandant le rythme avec chacun de leurs muscles, les auditeurs captaient la mémoire de l'Afrique.

Dougoudoum dougoudoum.

Baba Traoré ne voit plus le quai encombré de papiers gras, les murs garnis de panneaux publicitaires, les voies, le tunnel d'où surgit, à intervalles réguliers, le monstre de métal. Il est au cœur de la forêt tropicale. Dans les moiteurs des luxuriantes végétations, se tapissent des paillotes. Des femmes pilent le manioc en psalmodiant une mélopée. Au loin barissent les éléphants. Des perroquets multicolores sifflent dans la ramure.

Dougoudoum dougoudoum.

« *D'jongomaa ! D'jongomaa ! Rafetna rafetna torop*[1] *!* »

Tandis que Baba Traoré chante, quelqu'un l'observe à son insu. Des yeux rouges le fixent avec une attention soutenue.

Hector, le rat sans poil, est mélomane. Ça vient de son conditionnement. Dans le laboratoire où il est né, on pratiquait des expériences sur le stress. Durant des heures et des heures, des haut-parleurs diffusaient dans sa cage des sonorités de toutes sortes, au volume maximum. Les électrodes qui lui hérissaient le crâne en mesuraient l'impact sur son système nerveux. Très vite, il a appris à différencier la mélodie du bruit, manifestant un goût prononcé pour le jazz, le funky, et même quelques morceaux de rock progressif. Si certains fracas le rendaient fou furieux, s'il souffrait le martyre à l'audition de fréquences suraiguës ou de grincements

1. Jeune fille ! Ô jeune fille ! Tu es belle, tu es trop belle !

discordants, il a connu aussi de grands moments de bonheur.

Lorsque le labo a brûlé, Hector a été le seul rescapé. Il s'est réfugié, bien mal en point, dans les égouts de Paris. Longtemps, il est resté entre la vie et la mort. Aujourd'hui guéri, il traîne ses cicatrices, sa peau dépourvue de pelage, ses oreilles dentelées, son absence de queue dans les couloirs du métro, là où les musiciens font la manche. Tapi dans l'ombre, il les écoute de toute son âme.

Dougoudoum dougoudoum.
« D'jongomaa ! D'jongomaa ! Yaan sa tool aa nga ca teen ya doo noppalu[2] *! »*

Une rame arrive, vomit sa cargaison d'usagers qui se hâtent vers la sortie. C'est la veille de Noël, et dans la fièvre des derniers achats, chacun prépare le réveillon. Nul ne prête attention au vieux Black qui, délaissant son

1. Jeune fille ! Ô jeune fille ! Tu es au champ, tu es au puits, tu ne te reposes jamais !

tambour improvisé, tend maintenant la main. Pas une piécette ne sort des porte-monnaie. Baba Traoré ne mangera pas ce soir.

La station se vide. Rassuré, Hector pointe le nez hors de sa cachette, un trou dans le carrelage mural, au ras du sol. Sa truffe rose et frémissante se tend avec avidité en direction du son.

Dougoudoum dougoudoum.

« D'jongomaa ! D'jongomaa ! Wol nga te moon door di rallat taalaale[3] *! »*

Hypnotisé, le rongeur fait un pas, deux. Il tremble de tous ses membres. Dans la voix de Baba Traoré, le soleil se couche sur la savane. Des troupeaux de buffles sauvages martèlent l'horizon d'un roulement de tonnerre. Aux points d'eau, c'est la grande trêve de la soif. Gazelles et lions boivent côte à côte.

---

1. Jeune fille ! Ô jeune fille ! Que vas-tu mettre dans ta marmite ?

En transe, Hector s'approche encore. La rame suivante le surprend à découvert, au milieu de la station. Ni lui, ni Baba Traoré ne l'ont entendue venir, tant ils étaient loin au fond de leur rêve.

Une unique voyageuse en descend, les bras chargés de paquets cadeaux. Surprise par le bruit, elle grimace, toise le vieux musicien, esquisse une mimique agacée.

« Tas de feignants! grommelle-t-elle, entre ses dents. Feraient mieux de travailler plutôt que de nous casser les oreilles! »

Puis ses yeux tombent sur le rat, elle pousse un cri strident et se sauve en courant. C'est son hurlement qui tire l'homme et l'animal de leur félicité.

Baba Traoré aperçoit Hector, l'auditeur éperdu. Hector fixe Baba Traoré, le faiseur de bonheur, le magicien, et ne se sauve pas. D'instinct, il sent que « celui-là » n'est pas comme les autres. Ni chercheur en blouse blanche, ni dératiseur, ni *ennemi.* Leurs yeux s'arriment. Longtemps, longtemps, ils restent soudés par le regard. Jusqu'à ce que, s'écartant l'un de l'autre, ils aperçoivent, en même temps, le billet.

Il traîne au beau milieu de la station, plié en quatre. Un billet de cent francs. Tombé, sans doute, de la poche de la voyageuse à l'instant où elle s'est enfuie.

Baba Traoré le ramasse, le déplie, lance à l'adresse d'Hector un sifflement admiratif :

« Bravo mon pote, t'es le roi de la manche ! Tu partages ? »

Le rat ne bronche pas. Alors le Black se baisse, lui présente sa paume claire. Dans son visage noir, son sourire a l'air d'un croissant de lune.

« On fait un bout de chemin ensemble ? » propose-t-il.

La truffe rose, affolée, se tend vers lui. Ni chercheur ni ennemi. Le rat hésite puis se décide. Dans la grande main offerte, le corps glabre privé de queue, bardé de croûte, se blottit. Baba Traoré referme les doigts sur cette chair tiède et tremblante. Elle gigote, cherche sa place. Entre le pouce et l'index, une oreille apparaît, dentelée, rongée par le feu. La deuxième suit. Puis le museau sans moustache. Et les minuscules prunelles, couleur de sang.

« Que dirais-tu d'un double hamburger avec des frites et du Coca ? lance Baba Traoré. Il y a longtemps que je n'ai pas réveillonné avec un bon copain ! »

Dehors, il neige. Un fin mouchetis blanc saupoudre les réverbères et assaille les passants. Des guirlandes lumineuses trouent la nuit de leurs clignotements multicolores.

« Je te mets dans ma poche, tu auras plus chaud », dit Baba Traoré.

Et d'un petit pas tranquille, il se dirige vers le fast-food tout proche.

13

L'invitation

Pierre Brévignon

Seul dans la loge tendue de drap vert, le maestro ajustait son nœud papillon et se demandait quel effet produirait une rose accrochée à sa boutonnière. Le miroir encadré de spots lui renvoyait l'image d'un homme aux traits fins, auquel une coupe en brosse dégageant un haut front conférait une allure martiale. À l'abord des tempes, quelques reflets grisonnants. Il venait de fêter ses quarante ans et, lorsqu'il avait remarqué ses premiers cheveux blancs, il avait pensé recourir à des lotions ou à des crèmes colorantes. Mais il s'était vite aperçu que, loin d'atténuer son charme, ces marques de son âge le rendaient plus séduisant encore. À la fin de chaque concert, devant la sortie des artistes, ses admiratrices l'attendaient toujours plus nombreuses. Il avait donc décidé de ne rien changer, jugeant puéril, et pour tout dire indigne, de chercher à jouer les jeunes premiers auprès de son public.

Il prit un pinceau, le plongea dans un poudrier rempli de talc – les projecteurs de la salle lui donnaient atrocement chaud et, lors du précédent concert, son visage s'était en quelques minutes couvert d'une mince pellicule de sueur –, s'en tamponna le front et les joues. Parfait. Ce soir encore, bien plus que les chanteurs ou même le ministre, venu exceptionnellement assister à la représentation, il serait le centre d'attention de la salle tout entière – et son triomphe, songea-t-il en s'adressant un sourire, serait un atout supplémentaire auprès de la jeune cantatrice avec laquelle il avait rendez-vous après le spectacle.

Le régisseur frappa trois coups à la porte. « Scène dans dix minutes! » annonça-t-il en déposant sur un guéridon un plateau couvert d'enveloppes. Le maestro en ouvrit quelques-unes, au hasard. Venus de tous les coins du monde, les messages d'encouragement et les félicitations se bousculaient, dans les formulations les plus ronflantes. Un chef d'État adressait « au plus talentueux des chefs d'orchestre » ses chaleureux hommages, un inconnu lui souhaitait d'innombrables succès, une admiratrice formait le vœu de le rencontrer, « un jour, qui sait? »…

De nouveau, il sourit. Depuis qu'elle s'était révélée à lui, sa passion pour la musique n'avait eu d'égal que son amour des femmes. Un amour immodéré, qui lui valait d'être cité presque aussi souvent dans les magazines féminins que dans les revues musicales. Les rumeurs les plus étonnantes – pas toujours infondées, d'ailleurs – couraient sur lui : une liaison tumultueuse avec une célèbre actrice anglaise, une autre avec une princesse italienne, et l'on ne comptait plus les ravissantes inconnues que les photographes surprenaient à son bras lors des soirées de gala. De tels succès n'étaient pas sans lui attirer quelque rancœur de la part de rivaux malheureux, mais il estimait que le jeu en valait toujours la chandelle – car, à la réflexion, il se considérait davantage comme un joueur que comme un séducteur.

Son œil fut attiré par une enveloppe beige bordée d'un fin liseré noir. Il la déchira de l'ongle, en sortit un petit carton pareillement bordé de noir – et, en parcourant les quelques lignes d'écriture souple et déliée, il sentit son sang se figer dans ses veines.

*

* *

L'homme poussa un cri d'horreur. Partout autour de lui surgissaient des démons grimaçants, dansant une sarabande infernale ; le ciel s'était obscurci d'épaisses nuées qui, en se déchirant, déversaient une pluie sanglante. Soudain, le sol s'ouvrit sous ses pieds, et l'homme se sentit agrippé par une main froide comme la pierre, une main qui l'attirait irrémédiablement au plus profond d'une crevasse où coulaient des rivières de lave.

Puis le silence se fit, des applaudissements éclatèrent dans la salle, et le rideau de velours pourpre descendit lentement sur la scène.

Le maestro ferma les yeux. Il était épuisé. Les applaudissements et les cris du public ne formaient dans son esprit qu'une masse informe de bruits, un brouhaha de plus en plus faible qui se réduisit bientôt à un murmure duquel s'élevait seule, à intervalles réguliers, la sourde pulsation du sang dans ses tempes.

C'était fini. Don Juan, le héros mythique de l'opéra de Mozart, était mort, englouti par les flammes d'une damnation éternelle, victime de la punition divine. Et ce n'était que justice : n'avait-il pas séduit puis abandonné des milliers de femmes ? N'avait-il pas tué en duel le Commandeur, père de l'innocente Anna ? En dirigeant la scène finale – celle où le Commandeur, revenu du royaume des morts sous la forme d'une statue, invite Don Juan à souper avec lui et l'entraîne en Enfer –, le maestro songeait toujours aux accents à la fois terrifiants et apaisés du *Requiem*. Pour lui, l'opéra de Mozart était bel et bien une messe des morts, et le gentilhomme séducteur, en serrant la main de marbre de la statue, se résignait au « feu cruel » promis aux maudits dans le *Confutatis*.

Le maestro ouvrit les yeux et se retourna vers le public. L'espace d'une seconde, il ne vit devant lui qu'un parterre de visages blafards, des rictus de spectre, des mains osseuses qui, plutôt que l'applaudir, semblaient vouloir le happer. Un souffle glacé passa sur son front. Puis, le grand lustre de la salle, les appliques des balcons se rallumèrent, et la vision de cauchemar disparut. Les applaudissements et les « bravo ! » redoublèrent lorsque le maestro salua.

Seule, au premier balcon, une silhouette immobile gardait le silence.

*
* *

Il était minuit passé lorsque le maestro quitta l'opéra. La représentation avait été, comme prévu, triomphale. Mais le petit carton liséré de noir l'empêchait de s'en réjouir – à la vérité, à cause de cet absurde morceau de papier, il avait passé, dans la fosse d'orchestre, la pire soirée de sa vie. Là où les spectateurs avaient entendu, trois heures durant, une musique inoubliable, il avait eu, lui, l'impression de diriger une insupportable cacophonie, une symphonie grinçante et morbide. De retour dans sa loge, après avoir répondu de mauvaise grâce aux rappels du public, il avait cherché l'enveloppe beige, le petit carton à l'écriture souple, comme on essaye de se rappeler, au réveil, les détails d'un mauvais rêve. Mais le message qui l'avait tant troublé demeurait introuvable.

Après avoir signé plusieurs autographes, écouté les éloges du ministre et des critiques les plus intransigeants sous l'œil ravi de son imprésario, il s'était éclipsé par une porte dérobée et descendait à présent un escalier métallique conduisant au parking souterrain. Devant ses yeux dansaient les lettres rondes et inclinées, la signature au bas du carton. Qui avait bien pu… ?

Un instant, la pensée de son rendez-vous galant lui fit oublier ce qu'il aurait aimé considérer comme une sinistre plaisanterie, une farce de mauvais goût. Cette jeune cantatrice était charmante, décidément, et le souvenir de son parfum, des regards qu'ils avaient échangés lors de leur dernière entrevue, acheva de dissiper son malaise. Arrivé au bas des marches, il se sentait presque plus léger. Il fouilla les poches de son pardessus, en sortit les clefs de sa voiture de sport, et traversait le parking d'un pas vif lorsqu'une voix, derrière lui, le fit sursauter.

« Maestro ! Maestro ! »

Il se retourna. Sorti de derrière un pilier, un homme aux traits et à l'âge indéfinissables s'approchait de lui, dans un état d'exaltation manifeste.

« Monsieur ?

— Quelle magnifique soirée, Maestro ! Merci, mille mercis, vous avez été parfait ! »

L'enthousiasme de l'homme eut l'effet d'un baume apaisant sur le maestro. Ce dernier lui répondit par un large sourire.

« Je suis heureux que ça vous ait plu. Mais tout vient de Mozart, vous savez, je n'y suis pas pour grand-chose…

— Oh, ne dites pas ça ! Ma femme et ma fille étaient avec moi, et elles ont adoré ! Anna vous admire tant… »

L'expression avenante du maestro déserta brutalement son visage, laissant sur ses lèvres un sourire pétrifié. Sa colonne vertébrale se transforma en une mince rigole de neige. Sa vue se brouilla.

« Anna ?

— Bonne soirée, Maestro. Et à bientôt… à très bientôt. »

L'homme lui serra la main. La rigole se durcit, éclata en mille cristaux de glace.

D'un geste vif, le maestro s'arracha à son emprise. Ses doigts étaient comme paralysés ; pris de panique, il courut vers sa voiture, s'installa au volant, ses doigts engourdis n'arrivaient pas à saisir les clefs – une fois, deux fois, il tenta de mettre le contact. La troisième fut la bonne. Mais ce ne fut pas le vrombissement du moteur qui retentit dans le parking.

*

* *

Journal des Arts

édition du 5 décembre 1991

DRAME À L'OPÉRA : LE CHEF GIOVANNI LAMPEDUSA DISPARAÎT DANS L'EXPLOSION DE SA VOITURE

« Hier soir, en quittant l'opéra municipal où il venait de diriger le Don Giovanni *de Mozart, le célèbre chef d'orchestre a été victime d'un terrible accident. Le gardien du parking déclare avoir entendu, vers 0 h 30, une explosion qui a fait trembler les vitres de sa cabine. Accouru sur les lieux, il n'a pu que constater l'irréparable : le cabriolet du maestro Lampedusa n'était plus qu'une carcasse en flammes. Il a fallu attendre l'arrivée en renfort de pompiers pour venir à bout du brasier, qui semblait ne pas vouloir s'éteindre. Selon les premiers témoignages des proches de Giovanni Lampedusa, le maestro aurait passé sa dernière soirée dans un état de fébrilité inhabituelle. Il aurait, à plusieurs et à mots couverts, fait allusion à une lettre reçue peu avant le début du concert, sans en préciser la teneur. En fouillant sa loge, la police a*

retrouvé un message énigmatique, griffonné sur un bristol : "Je vous attendrai ce soir, après le concert, pour souper avec vous. Signé : le Commandeur." *L'enquête suit son cours. »*

14

Pop musique

Sophie Berbar-Sollier

Elle ne voyait son père qu'occasionnellement. Le matin, parfois, lorsqu'il rentrait et qu'il avait le visage tout fripé comme une figue. Et le dimanche après-midi, lorsqu'il faisait relâche.

Je suis sûre que ça ne la gênait pas. Il ne fallait pas qu'elle dise ça devant ses copines, on l'aurait prise pour une mauvaise fille –

une fille bizarre, en tout cas. Il valait mieux que ce soit Jean qui passe pour un mauvais père. Ce qu'il était, finalement, au regard des principes éducatifs traditionnels.

À cinq ans, Lola voulut savoir ce que faisait son « Pop » – son papa – depuis qu'elle avait l'âge de parler. Je lui ai répondu très sérieusement que Pop travaillait en faisant passer de la musique dans la boîte noire et argent posée sur la commode.

À onze ans, Lola me demanda pourquoi Pop n'avait pas de costume et une grosse voiture grise. Pourquoi il portait des cravates de toutes les couleurs avec des tee-shirts, des casquettes en été, et des bonnets rayés en hiver. Pourquoi il ne parlait pas de ses soucis et aussi, pourquoi on ne partait pas en vacances en été, comme toutes ses copines.

Maintenant, Lola a seize ans. Elle ne me demande plus pourquoi Pop a les dernières Airmax : ils vont les acheter ensemble. Et Lola trouve cela normal.

Lola sait que Pop connaît plein de musiciens, que Pop va au concert tous les soirs et qu'il fréquente beaucoup de jolies filles. Mais ça, Lola s'en fiche. Elle a des colonnes entières de CD dans sa chambre, elle a discuté avec Youssou N'Dour dans les coulisses avant son concert, et elle a gentiment refusé d'aller à l'enregistrement du dernier disque d'Arthur H.

Ce que Lola m'a demandé il y a quelques jours, c'est pourquoi Pop aime tant son métier. Tellement qu'il lui donne tout son temps.

Ne trouvant aucune réponse assez belle pour continuer à lui faire aimer son père, j'ai conseillé à Lola de lui faire une surprise et d'aller le chercher à la Radio, à côté de Bastille. Elle pourrait en profiter pour dîner avec lui, en tête à tête.

Lola n'était encore jamais allée à la Radio.

Elle n'avait jamais demandé, et son père ne l'avait jamais emmenée.

Cet après-midi-là, Lola était nerveuse. Elle riait beaucoup trop fort avec ses copains au téléphone. J'ai rien dit, faisant comme si tout était normal. Je me suis concentrée sur mes traductions. Je savais que cette effervescence était provoquée par sa visite à la Radio.

La veille, elle avait appelé là-bas. Elle avait demandé d'une voix assurée quel serait le groupe qui passerait en live à 19 heures :

« Akosh ? hum… ouais, ouais, je vois… ils ont sorti un single ?… ouais, ça, je savais, et c'est tout ? Y'a Plastikman aussi ! Génial !… Bon, merci, salut ! »

Peut-être Lola n'avait-elle aucune idée de qui étaient ces artistes au nom sibyllin. Qu'importe. Son excitation s'en était tout bonnement trouvée décuplée.

Elle avait ensuite passé quatre bonnes heures dans un café de la rue de Charonne, avec Max, son copain à tout faire.

Je n'avais rien à redire à ça ; le bac de français était passé, et elle avait même 15 points d'avance. Lola était en vacances.

Elle était revenue de son après-midi de liberté, avec deux "baggy" et trois dos-nus assortis.

« Chérie, pourrais-tu m'expliquer pourquoi ces pantalons sont aussi larges ? Ce n'est pas très féminin, non ?

— Maman… tu sais bien que tu comprends rien à mes fringues, pourquoi tu t'acharnes ? Je vais quand même pas m'habiller en couture... ! »

Lola avait ri. Une façon de marquer son territoire à elle, qui ne serait jamais le mien. Pas une rébellion, juste l'instinct de la différence.

D'un seul coup, elle fut prise d'une frénésie inexplicable : il fallait que je lui repasse sa maxi jupe treillis, que je découse l'étiquette-qui-pique-dans-le-dos de son dernier mini tee-shirt Tomoko Soda et qu'en plus, je lui prête ma carte bleue...

« Dis-moi, Lola, tu n'as pas l'impression d'abuser un peu ?

— Et ben QUOI ! T'as vu l'heure ? Je ne suis même pas prête, et il faut que j'y sois dans une demi-heure... c'est l'horreur ! Je me suis même pas lavé les cheveux... tant pis, je vais mettre du gel. Maman, dépêche-toi ! »

Lola ne m'avait pas dit que c'était ce soir-là qu'elle allait à la Radio. La carte bleue me renseigna toute seule.

On avait mis au point qu'en dehors des quelques billets de 100 que Pop lui donnait, Lola pouvait me demander ma carte bleue pour des occasions, disons, « particulières »… ce « particulier » restant à définir ensemble.

Lola allait donc inviter son Pop. Lui offrir le resto, une coupe de champagne, une boîte, une virée… que sais-je encore.

J'en fut presque jalouse : jamais Jean ne m'avait emmenée avec lui. Plus, du reste, pour respecter mon désintérêt, que par volonté de dissimulation. Mais ce jour-là, j'étais piquée au vif, curieuse et insatisfaite de voir marauder ces deux bourgeons de ma vie.

« Pourvu qu'il soit là… t'imagines s'il est parti pour animer un truc ? Et s'il est en rendez-vous, qu'est-ce que je fais ?

— Tu l'attends, chérie… »

Lola n'avait même pas cru bon de me dire ce qu'elle allait faire, ni qui elle allait retrouver : c'était évident, c'était son Pop. Probablement son seul amour, jusqu'à nouvel ordre.

*

* *

Lola a débarqué en plein milieu de la tourmente. J'avais deux emmerdeurs en ligne, et un en attente. Les messages s'accumulaient sur mon foutoir. On m'attendait en studio pour faire l'interview de Cesaria Evora ; la diva aux pieds nus était pour deux jours à Paris, je l'avais retrouvée par hasard la veille au soir dans un bar capverdien du IXe arrondissement. Entre deux ti-punch, elle m'avait promis de passer à la radio pour nous chanter en exclu un morceau de son prochain album. J'avais aussitôt annulé Akosh.

Je connaissais Cesaria depuis douze ans. Elle n'était encore que la chanteuse fétiche de son petit village dans les îles du Cap-Vert.

« Oui, promis ! Je te mets sur la liste pour la soirée de demain à la Java… c'est Mambomania qui passe, tu les as entendus à mes soirées à la Coupole, non ?… oui, bien sûr, plus une personne… bon, je t'embrasse, ciao ! »

Zut ! J'allais oublier Lola… elle est belle, ma Lolette, assise dans son petit coin à tout détailler avec ses yeux de serpent.

Je vais l'emmener en studio avec moi, pour qu'elle voie comment ça se passe. Remarque, peut-être que ça va la raser... L'autre fois, pour Arthur H, elle avait pas voulu venir.

« Pop... juste pour savoir, t'en as pour longtemps encore ? Parce qu'il y a Plastikman en bas à la Radio, j'irai bien voir, j'adore ce qu'il fait.

— Vas-y, au contraire ! Demande à Dom s'il peut te présenter, c'est lui qui va faire l'interview. Tu le connais, Dom ? Le beau brun, tu sais... »

J'adore la taquiner sur ses coups de cœur. Ça l'agace. C'est de la pudeur, et un « je ne sais quoi » de mystérieux qu'elle veut préserver.

Je sais pertinemment que Lola connaît très bien Dom. Elle l'a repéré lors d'une soirée de la Radio, il y a un an. Ses yeux avaient étincelé d'un seul coup, et elle avait scotché sur ses platines toute la soirée. Dom est animateur à la Radio et DJ, et Dom n'a pas d'amie. Dom est difficile, et probablement très timide.

Lola a frémi, tant de plaisir que de désapprobation...

« Ça va, Pop, on se calme ! Je l'aime bien, mais c'est pas une raison pour que tout le monde le sache… tu nous rejoins alors ?

— C'est ça, dans… hum… on va dire… dix minutes, si ce foutu téléphone se calme ! »

Mon bureau est une vraie ruche : on est cinq, tous pendus au téléphone toute la journée. Quand ce n'est pas des copains musicos qui débarquent pour nous donner leur dernier single, ou des rencontres de la veille qui viennent s'assurer qu'on fait bien partie de la Radio.

Presque vingt ans que je tourbillonne à la Radio. Que je laboure, que j'ensemence et que je récolte. Que je cherche, que j'écoute, que j'invente des phrases sonores et des accords musicaux improbables. Que j'imagine des mariages impossibles – comme celui d'il y a huit ans où j'ai fait se rencontrer et chanter ensemble, des musiciens du Kazakhstan avec Salif Keita.

Que je fouine dans les soirées à la découverte de gens qui ont des choses à dire, à chanter, à jouer. Que j'harmonise les voix, que je calme les fureurs des techniciens et les angoisses des chroniqueurs. Que j'écoute les élucubrations psyché de Zorro, que j'applaudis aux folles théories cyber de Simon et que je rêve au diapason des voyages musicaux de Talou, notre grande prêtresse de world music.

Vingt ans que j'use ma voix et ma vie pour cette foutue Radio, cette maîtresse qui me demande tant d'énergie et qui me laisse chaque soir, vide comme un pantin, avec seulement ma fatigue et mon doute pour continuer à y croire.

Vingt ans. Presque une génération. Celle de Lola. Tous ses copains rêvent de la Radio. Ils sont nés avec elle, elle est née pour eux. Pour leur apprendre la différence, pour leur donner à écouter les autres, les continents et les cultures, les univers et les racines.

La Radio a fait son chemin. D'autres médias ont suivi, ont repris, ont compris. Le monde est devenu plus petit, plus humain, plus proche. Les frontières musicales se sont ouvertes. On a fait du beau travail, je crois.

Lola va m'attendre... tant pis pour les urgences, il faut que j'aille la voir. Elle est venue pour moi. C'est la première fois...

« Pop, Pop, te voilà! Plastikman m'a dédicacé son nouvel album, c'est mortel, non? Euh... enfin, c'est Dom qui lui a demandé pour moi, parce que mon accent en anglais, c'est pas ça...

— C'est super, Lola! Bon, écoute, viens en studio avec moi, y'a Cesaria qui vient d'arriver, on doit prendre l'antenne. »

Lola est surexcitée... Plastikman ou Dom, en tout cas, elle est aux anges.

J'ai chaud d'un seul coup. Quand je pense qu'il va falloir que je fasse l'interview de Cesaria dans ce studio où il fait 40°... Ça me serre dans la poitrine. Je vais aller aux toilettes, me passer un peu d'eau sur le visage.

Ça ne passe pas, mais il faut y aller. En plus, Lola est là, il faut que j'assure... elle est venue pour moi, pour moi...

« Pop, qu'est-ce que t'as? T'es tout blême!

— Ça va, ça va… viens, on s'installe dans le studio… tu peux me prendre un Coca au distributeur ? »

J'ai mal sur tout le côté droit maintenant. Il faut que je respire doucement, que je me calme, que j'oublie. Je suis à la Radio, c'est le plus important.

« Bonsoir, Miss Evora ! Bienvenue dans ce studio que vous connaissez bien pour y être venue de nombreuses fois depuis dix ans. Vous êtes de passage à Paris et vous avez tenu à présenter à la Radio, en exclusivité pour nos auditeurs, quelques morceaux de votre der…

— POOOOOP ! Appelez un médecin ! Appelez je vous dis, bon sang ! Il va pas bien… DOM, fais quelque chose, DOM ! »

*

* *

Deux ans ont passé. Il est minuit. Lola n'est pas encore rentrée de la Radio. Comme presque tous les soirs.

Son boulot la monopolise beaucoup. Comme son père. Après l'accident, elle a voulu arrêter ses études et apprendre le son, pour être à ses côtés. Finalement c'est un virus qui se propage. Je n'ai rien voulu empêcher.

La Radio l'a prise en stage à la technique. Depuis, elle réalise la moitié des émissions de l'antenne. Dont celles de Dom. Lola est amoureuse de Dom. Et de la Radio. Et moi, j'attends qu'elle rentre.

15

Regards

Emmanuel Davidenkoff

« Retourne-toi. Bon. Écoute-moi, maintenant. Tu entends ? Pas la justesse, non, c'est juste. Écoute avec ton cœur ! Pas avec tes oreilles. Oui. L'accent. Tu le trouves comment, cet accent. Je le rejoue. Alors ? Non, pas un problème technique, je te l'ai dit. Un vrai problème. Un problème de musique. Bon. Penses-y. On revoit tout ça demain. Retourne travailler. Et écoute-toi ! Cesse de te regarder, de t'analyser ! Tu n'es rien, physiquement. Tes mains ne sont rien. Ton violon n'est rien. Il y a la musique. C'est tout ce qui compte. Quand tu écoutes Perlman, tu penses à son infirmité ? Et Stern, tu penses à la raideur de sa main droite ? Et Menuhin[1], tu penses à ses fautes de mesure ? Bon. À demain. »

Je l'ai raccompagné à la porte. Sec. Désincarné. Il fallait lui faire sentir que c'était grave. Il devait sentir que c'est grave. Il le devait à la musique, il le devait à lui-même, il me le devait. Il avait seize ans. Mais, techniquement, il avait atteint sa pleine maturité. Ce courage qui m'avait toujours fait défaut, il l'avait eu. Ces heures de gammes et d'études, de figures imposées épuisantes, arides, il les avait données à la musique. Il ne le savait pas encore. Il croyait les donner à ses parents, à lui-même, aux jurés médiocres des concours. Seule la musique compte. Ni le public, ni les

1. Ithzak Perlman, Isaac Stern et Yehudi Menuhin sont trois des plus grands violonistes du XXe siècle.

jurys, ni les critiques, ni les mélomanes – encore moins les mélomanes. Il fallait à tout prix l'émanciper des contraintes techniques avant qu'il n'entre dans le système. Il y avait deux étapes. Le physique d'abord. Le plus facile. Mater le corps, le polir, en faire une machine sans défaut. Long et exigeant. Mais facile. Le mental ensuite. Tout désapprendre. Comprendre que l'important, c'est la musique. Pas le pourquoi, pas le comment. La musique. Voilà la tâche terrible dans laquelle nous étions engagés lorsqu'il décida d'entrer dans le circuit des conservatoires et des concours. Ce système qui le détruirait s'il était trop faible. Ses parents avaient déjà pris la décision, j'en étais certain, me poussant à une atroce course en avant. J'abandonnai peu à peu mes autres élèves pour ne me consacrer qu'à lui. Je ne me faisais plus payer. Nous travaillions tous les jours. Parfois en secret... ses parents faisaient tout pour le soustraire à mon emprise.

Mon emprise! Quelle emprise? Ces ânes n'avaient rien compris. Mon emprise! Ce qu'ils appelaient ainsi, c'était l'exigence, absolue, que j'enseignais à leur fils. La foi. L'engagement. La religion de la musique. De cette musique qui rend au centuple ce qu'on lui donne, à la seule condition de tout lui donner. Ils pensaient diplômes, concours, institutions. Comme si une institution pouvait comprendre quoi que ce soit au génie ! Moi, je comprenais. Moi, je savais. Moi, je transmettais. Je me transmettais. Il fallait que je donne tout pour qu'il accepte d'en faire de même. Je donnais tout. Je travaillais autant que lui.

Plus que lui ! Des nuits entières en quête de perfection. Des nuits entières à tenter de comprendre pourquoi Schumann, Brahms, Tchaïkovski et tous les autres, étaient trahis depuis toujours. À comprendre où était l'erreur de ces compositeurs qui semblaient si parfaits, si irréprochables. Des nuits sans sommeil à repasser indéfiniment les premières mesures du concerto de Beethoven. Ces bêtes, atrocement bêtes arpèges en octaves brisées où le génie était allé se loger. Sans quc quiconque ne l'en déloge, en dépit des erreurs, des incohérences. Des nuits de lecture, de tous ces spécialistes avérés qui contournaient la vérité, sans jamais l'atteindre.

J'avais découvert l'instrument de ma revanche dix années auparavant.

Ce gamin de six ans. Je l'avais fait. Ma création. Ma créature. Ma caricature. Et voilà qu'on se préparait à me l'enlever, pour le jeter entre les pattes grossières, vulgaires, putrides des « grands professeurs ». Des grands ! Dans l'arrivisme, oui ! Qui ne reculeraient pas un instant pour faire d'un futur génie une bête de cirque, un caniche livré en pâture aux amateurs de sensationnel. Toujours heureux de s'extasier. Quelle technique ! Quelle virtuosité ! Quel brio ! Puis, quelques mois plus tard, ils le recracheraient. Quel dommage… il a si mal vieilli… trop jeune… trop doué… trop gâté…

Il nous restait deux mois pour terminer. Deux mois pour qu'il comprenne enfin. Pour que je nettoie son cerveau des derniers déchets qui l'encombraient. Comme cette habitude de traiter questions techniques avant d'en venir à la musique. Je l'y avais poussé, quand il était jeune. Ou, du moins, je ne l'en avais pas empêché. Il fallait en passer par là, pour construire la machine, pour ingérer les automatismes, puis les roder.

Il devenait urgent qu'il oublie tout cela. Urgent ? Vital ! Qu'il ne soit jamais dit que j'ai formé un automate d'orchestre, une marionnette de plus pour obéir à la baguette impérieuse, prétentieuse, d'un quelconque ambitieux.

Deux mois. C'était court. Trop court. Nous n'y arrivions pas. Nous n'y arrivions plus. Je l'ai laissé partir. Il agitait la main par la fenêtre du train. Mollement. Lointain. Étranger. Il montait à Paris pour survoler un concours que personne ne pourrait lui contester. Avec ses parents. Gorgés de fierté, ivres de puissance, repus d'ambition.

Je l'ai oublié. J'ai passé ma vie à l'oublier. Ce qu'il en restait au moins. Une vie pour me laver du moindre souvenir. Je le savais perdu, je ne voulais pas qu'il m'entraîne dans sa chute. Chacun pour soi. Tu le comprendras un jour, peut-être. J'ai abandonné l'enseignement, détruit mes disques, brûlé mes partitions et mes livres, vendu mon violon. Je suis parti. Quand les journaux ont commencé à parler de toi. De moi. Sans que tu me cites jamais, comme tu l'avais promis.

C'était encore trop. J'ai traversé l'Atlantique. Je suis devenu cantonnier à New York, manutentionnaire à Cincinnati, routier à Denver, maçon à Detroit. Et j'ai vieilli. Loin de tout, loin de toi. Je travaillais sans carte de séjour. On m'a accompagné jusqu'à la frontière canadienne.

J'ai atterri à Montréal, veilleur de nuit dans un hôtel, un grand hôtel pour gens riches. Ce soir-là, l'alcool commençait à faire son effet. C'était de plus en plus long à venir. Cette bienveillante torpeur.

Un bruit dans le hall. Je m'éveille. Engourdi. Un groupe d'hommes et de femmes, entre deux âges. Une silhouette élégante, flottant dans un large manteau en cachemire bleu. Avec cette écharpe blanche en soie. Brouhaha. Ils sont une dizaine. Autant de femmes que d'hommes. Ils se dirigent vers le bar. On me secoue. Ouvrez le bar, monsieur. On me glisse cent dollars. Américains. Je me lève, m'installe derrière le bar en acajou ambré. Ils s'approchent du piano. Suggèrent, de loin, les premières mesures d'un standard de Cole Porter.

Voilà.

C'est fini. Il a sorti son violon. A joué. Il avait un beau son. Un beau vibrato. Si beau. Si banal. Un bon petit exécutant comme le système en engendre à volonté. Il regardait les autres l'écouter. Il se regardait dans les yeux des femmes séduites. Il regardait ses pirouettes mesquines produire leur effet. Il ne s'écoutait pas. J'ai sorti le revolver de service.

Il se tourna et me regarda.

Imprimé en Italie par « La Tipografica Varese S.p.A. »
20.9979.4/01
ISBN : 2.01.209979.3
Loi n° 49-956 du 16 juillet 1949
sur les publications destinées à la jeunesse
dépôt légal : 0456 - octobre 1998.